区块链启示录

[美] 菲尔·尚帕涅（Phil Champagne）编著
陈斌 胡繁 译

中本聪文集
THE BOOK OF SATOSHI
The Collected Writings of Bitcoin
Creator Satoshi Nakamoto

机械工业出版社
China Machine Press

图书在版编目（CIP）数据

区块链启示录：中本聪文集 /（美）菲尔·尚帕涅（Phil Champagne）编著；陈斌，胡繁译 . 一北京：机械工业出版社，2018.9（2022.6 重印）

书名原文：The Book of Satoshi: The Collected Writings of Bitcoin Creator Satoshi Nakamoto

ISBN 978-7-111-60924-7

I. 区… II. ①菲… ②陈… ③胡… III. 电子货币 – 文集 IV. F830.46-53

中国版本图书馆 CIP 数据核字（2018）第 211982 号

北京市版权局著作权合同登记　图字：01-2018-2512 号。

Authorized translation from the English language edition entitled The Book of Satoshi: The Collected Writings of Bitcoin Creator Satoshi Nakamoto (ISBN-13: 9780996061315) by Phil Champagne, Copyright © 2014 by Phil Champagne.

Chinese simplified language edition published by China Machine Press.

Copyright © 2018 by China Machine Press.

All rights reserved. No part of this book may be reproduced or transmitted in any form or by any means, electronic or mechanic, including photocopying, recording, or by any information storage retrieval system, without the prior permission of the publisher.

本书中文简体字版由 Phil Champagne 授权机械工业出版社独家出版。未经出版者预先书面许可，不得以任何方式复制或抄袭本书的任何部分。

区块链启示录：中本聪文集

出版发行：机械工业出版社（北京市西城区百万庄大街22号　邮政编码：100037）
责任编辑：唐晓琳
责任校对：李秋荣
印　　刷：北京富资园科技发展有限公司
版　　次：2022年6月第1版第4次印刷
开　　本：147mm×210mm　1/32
印　　张：12.125
书　　号：ISBN 978-7-111-60924-7
定　　价：79.00元

凡购本书，如有缺页、倒页、脱页，由本社发行部调换
客服热线：（010）88379426　88361066　　投稿热线：（010）88379604
购书热线：（010）68326294　88379649　68995259　　读者信箱：hzjsj@hzbook.com

版权所有·侵权必究
封底无防伪标均为盗版

赞誉

中本聪创立的区块链技术到现在已经 10 年了，区块链以其去中心化、去信用中介、透明和难以篡改而广受人们的关注。尽管中心化是人类社会发展的进步，是信息化发展的必然结果，但是现实中仍然还有很多非中心化的应用场景，特别是像供应链金融、跨境支付等涉及范围窄、频度不高的交易，非常适合区块链技术的应用。因此，我们要科学地研究和探索该技术，不要对其神秘化，既要看到优势，也要看到劣势。希望读者能通过阅读本书开拓视野。

——陈静

中国人民银行科技司前司长

国家信息化专家咨询委员会委员

译者陈斌先生，专注于互联网前沿技术的探索和创新，并以忠于民族计算机网络技术领先发展的意志和谦诚不变的教诲精神，出版了《架构即未来》《架构真经》《数据即未来》等译著。新作《区块链启示录》比较系统地介绍了比特币和区块链技术的诞生和发展过程,有助于我们结合现有的业务在数字经济时代不断地创新。

——姚世全

国家技术监督局标准化司副司长

中国电子商务协会高级技术顾问

本书中阐述的比特币系统的实操技术实质上是现在被统一命名的区块链技术。区块链技术是达尔文揭示大自然自组织、自生成机制在金融领域映射产生的应用技术。因此,随着区块链技术的推广普及,它必将渗透到人类社会的一切领域。任何代表人或与人相关事物的网络节点的价值也必将加速倍增,从而引起了一场非凡的网络价值革命。

——余晓芒

中国信息大学校长

联通集团前副总裁

区块链和比特币是这几年热度最高的词汇。回想过去 20 年互联网创新,热度往往代表趋势;但不明就里的热度,对很多人却常常是看不懂的烫手山芋。追,怕烫手;不追,怕错过!春天时听陈斌兄讲区块链,从前世今生、数字货币、应用领域、量子计算等视角,深入浅出,讲发展、讲机会、讲局限,通俗易懂,实战代入,印象深刻!陈斌兄翻译的《区块链启示录》是我看到的最为全面诠释比特币发展、深刻解读区块链思维的好书。必将会和《架构即未来》《数据即未来》一样，为志在创新的人带来区块链的启发！

——杨彬

易观国际共同创始人

易观天马云商总裁

如果说比特币是区块链的第一个应用，那么区块链对这个世界的重构才刚刚开始。包括对信用体系的重构，对资产流动性的创造，以及对生产关系和商业模式的彻底颠覆。拥抱区块链，从阅读本书开始！

——李大学

磁云科技创始人

京东终身技术顾问

系统地学习比特币的创造者中本聪先生的思想观点，可以帮助我们更好地理解和掌握区块链技术，便于发现潜在的、巨大的商业机会，有助于创新出符合数字时代要求的金融科技产品。

——苏文力

阳光保险总裁助理

本书对比特币的运行机制和底层技术进行了全面且深入浅出的解读，介绍了比特币的主要概念和核心原理，并从技术层面阐述了比特币的运作模式，为广大读者打造了一个极佳的实验和学习平台。希望通过这样的优质内容，让更多人真正了解区块链技术，让更多构想中的项目得以落地,让区块链技术真正普惠大众。

——阮安邦

Trias 创始人 CEO

牛津大学计算机博士

  区块链的发明者中本聪是具有创新精神的神秘人,他所开启的价值互联网时代,必将激励无数创业者前赴后继。而他自己的消失更酷,成为了这个世纪之谜,而在我所在的中关村创业大街,区块链热潮几年前就已经开始了。

——苏菂

中关村创业大街早期开拓者

车库咖啡创始人

·· 推荐序 ··

与陈斌相知多年，一直以来在我心目中他对前沿技术研究深刻，并且有自己的洞察和视角。有人说老酒历久弥新，我赞赏的是推陈出新，这就是时代进步的特征。

今天在我们周围可能会充斥着各种各样关于比特币的讨论，有人奉其为神明，有人视之为恶魔。姑且不论其是神明还是恶魔，我们把时针拨回到1010年以前……

坐标：中国成都

1008年，成都16家官商联合用楮树皮纸印刷凭证券，上有图案、密码、花押、图章等印记，面额依领用人所交现款临时填写，然后作为支付凭证流通。存款人把现金交给铺户，铺户把存款人存放现金的数额临时填写在用楮纸制作的券面上，再交还存款人，当存款人提取现金时，每1000文收手续费30文，这种临时填写存款金额的楮纸券便谓之"交子"。

当时"交子"出现所引发的争议我们现在已经很难想象了，它出现的过程也不再可能重现在我们眼前。现在我们只知道它成了纸币的起源，是人类货币史上的一大飞跃，甚至直接奠定了千年后的货币格局。

让我们再把时针调回到 1000 年以后……

坐标：任何地方

2008 年 11 月 1 日，一个叫中本聪的人（也可能是一群人，不排除是外星人）在网络上公布了一份白皮书《比特币：一种点对点的电子现金系统》的链接，之后一种新的货币形式——比特币出现了，当时的你我可能不曾注意到它，当它家喻户晓后我们着了魔地想要了解它，但有什么能比参与它出现的过程更直接明了呢？本书给了我们一次时光倒流的机会，以一名网友的身份去重新见证比特币的出现。

让我们一起去经历这个过程吧，至于它是神明还是恶魔也许你会有自己的答案。把过程留给自己，至于未来就交给时间吧！

赵卫星

2018 年 7 月，中国成都

译者序

2008年中本聪发表了《比特币：一种点对点的电子现金系统》，并据此创立了比特币，从那时开始到现在已过了十年。比特币及其所依赖的区块链技术从早期的寥无人知迅速发展到今天的家喻户晓，而且已经风靡全球。

美国政府的多次量化宽松，特别是为拯救次贷危机所采取的一些措施促使中本聪开始认真思考这些危机背后的深刻原因，由此对传统的基于可信第三方所构建的支付体系提出了质疑，从而创造性地提出了以哈希计算、工作量证明、非对称加密、P2P网络、分布式存储等为核心的区块链技术，通过比特币的具体实施有效且完美地解决了在没有可信第三方存在的情况下的支付问题。

作者菲尔·尚帕涅将中本聪所发表的比特币白皮书、在几个网络论坛的对话精选以及部分相关的私人往来邮件整理成册，翔实地记录了比特币和区块链的孕育、创立和发展过程，以及围绕着理念、逻辑、原理、实施、安全、设计和普及所进行的深入讨论，并按照不同的主题组织起来呈现给广大的读者。

本书见证了新思想和新技术推动时代变革的又一创举。某种程度上讲，中本聪所创建的比特币和区块链技术不仅是一次技术革命，更是一场伟大的思想革命。中本聪通过互联网的在线讨论亲自参与并引导了这场具有重大历史意义的思想革命。本书就是这场思想革命的完整记录。从这个意义上讲，其价值可以与达·芬奇手稿媲美。

今天，区块链技术已经从最初以解决支付问题为主的全球账簿阶段发展到了以智能合约为主的全球计算机阶段。虽然在金融监管政策、交易并发处理能力以及数据安全性方面仍然还存在着不少需要进一步发展和优化的空间，但是人们已经越来越多地认识到区块链技术在供应链金融、有价证券交易、数据资产保全、个人与企业征信等方面的巨大潜在价值。包括中国在内的世界正在快速地向数字时代发展，而区块链技术有希望成为数字时代数字经济完成价值交换的基础，因此区块链技术全面开启了崭新的价值互联网时代。

译者期待广大读者能够通过阅读本书，更深入地理解中本聪的精髓，掌握区块链技术的核心理念，并能够在各自的领域中有效地应用。

谨以此书纪念比特币诞辰十周年！

陈斌　胡繁

2018.7.30

·· 封面照片的故事 ··

封面照片由丽莎·韦克尔拍摄（flickr.com 用户名 lisa_aw）。这张照片拍摄于阿根廷圣克鲁斯省的手洞。手洞是一系列洞穴的统称，得名于许许多多人将手掌按在墙上绘制而成多种作品。这些绘画作品最早出现在 13 000 年前，最晚距今也有 9000 年以上，它们在那里静静地走过了漫漫岁月。

选择这张照片作为本书封面，是因为它体现了比特币的许多概念——大量的个体跨越时间参与合作以达到一个共同的目标，但同时仍保持了自己的独特性。然而手洞岩画在规模上却远逊于比特币。

虽然几千年来很多代人参与了这些画的创作，但是艺术家的数量还是无法与数以百万计的比特币用户相比。此外，分散于不同地域的比特币用户通过分布式系统协作，与手洞是少数几个不同部落人民的作品不同，比特币开放给所有愿意使用的人，它超越了国界，具备了成为真正世界货币的潜力。

致谢

谨向以下各位表示深切的谢意，感谢他们为本书出版做出的贡献。

达斯汀·特拉梅尔分享了他与中本聪之间往来的电子邮件。

加文·安德森是比特币项目的首席开发者，我们感谢他为比特币做出的贡献，也感谢他分享与中本聪之间的电子邮件。

感谢 DollarVigilante.com 的杰夫·贝里克为本书撰写序言，并感谢他对自由和解放的倡导。

还要感谢我的儿子塞缪尔、女儿薇薇安、妻子玛丽·加尼翁，感谢他们的支持。最后，我要感谢所有帮助我完成这本书的人，特别是编辑玛丽·格雷比尔，她承担了大量的工作，另外还有为本书提出伟大设计的约翰·莱因哈特。

最后，真诚地感谢中本聪。要不是他，还要等多久才能发现比特币这个如此伟大的革命性概念呢？

·· 本书的目标读者 ··

本书包含了从比特币发行到企稳的两年多时间里，比特币之父中本聪通过电子邮件和论坛文章而流传下来的大多数思想。有兴趣了解比特币，特别是其创造者思想过程的人都会欣赏本书。有计算机软件背景的读者很容易理解本书内容。但是因为这些文章里讨论到了经济学概念，所以经济学家、投资者等非信息技术背景的读者也可能对中本聪的文章感兴趣。由于不同的背景和兴趣，读者可能会对特定章节感兴趣。

为了让读者能从中本聪的文章中获得最大的收获，本书第2章介绍了比特币的主要概念和基本原理。这将有助于读者理解后续章节中的大部分内容。章节的内容按时间顺序排列，从中本聪最早提出比特币的最初想法到他发出标志着退出公开活动的帖子。

本书的部分内容来自网络论坛 p2pfoundation.org、bitcointalk.org，以及密码学电子邮件档案。

访问网址 TheBookOfSatoshi.com 可以轻松得到书中引用网页的链接地址。地址按章节的顺序排列。

序言

比特币改变了一切。它在货币和银行业的进化过程中发挥了举足轻重的作用。请注意，这里没有用"革命"一词，因为我认为比特币是从现行陈旧的货币和银行系统中发生的一次彻底的"进化"。

对刚接触比特币的人来说，最大的问题就是它的神秘感。

本书为世人揭开其神秘的面纱。虽然中本聪的真实身份可能永远是个谜，且不管那些主流媒体将多里安·中本聪之流认定为中本聪妥当与否，但至少在丰富翔实的史料中能让我们获得自比特币创世以来的理论基础和设计思路。

从世人认识比特币的第一天起，顶级密码学和编程专家之间就有了非常深入的对话。2008 年 11 月 1 日是历史性的一天，它很有可能被几代人所铭记。

当中本聪在网络上公布他的创造时，说出的第一句话简单而铿锵："我一直在研究一种全新的完全点对点（peer-to-peer）的电子现金系统，抛弃第三方信用机构。"正是这句话即将改变整个世界。

接着，他留下了一份白皮书链接。剩下的事情大家就都知道了。

这些公开发生在 bitcointalk.org 论坛上的讨论一直持续到 2010 年 12 月 12 日。在此之后，中本聪就彻底地消失了。

在比特币社区中，这些网络论坛的文章众人皆知，但是普通人需要好几个小时从头到尾翻阅一遍才能够搞清楚到底说了些什么。为了完成这本书，菲尔·尚帕涅阅读了每一篇网络论坛的文章，并从中筛选出了最重要的那些，同时也给出了那些文章发表时的背景及重要性。这些都是由中本聪直接完成的比特币进化大事记，实际上可以作为一本比特币的传记。

在撰写本书的 2014 年 3 月，比特币前途未卜。它可能会继续翻天覆地，使人们摆脱对中央银行和依靠免费资金生存的庞大政府机构的依赖。或者，也可能因为某些可能的事件而就此灰飞烟灭。

无论如何，比特币带来的影响已经确定。其最核心的概念已经改变了世界对合同、信用和交易的看法。平台上已经建立起数以千计的应用，而且这些应用已经扩展到金融交易领域之外。

菲尔·尚帕涅以易于阅读的方式向我们展示了这个振奋时代的最重要的技术创新。在完全分布式的平台上进行支付交易，不再需要可信的第三方。其重要性仅逊于互联网的演进。第 2 章为不熟悉比特币的读者概述了其技术和哲学基础以及运作机制。几十年后，当人们回首看待这项创新时，会像现在的人们看待互联网或古腾堡印刷机一样，将比特币的出现看作是人类文明史上划时代的时刻。而本书收录了中本聪的文章和邮件，形成了一个合理的时间线，是了解比特币如何开始和发展的最简单的方式之一。

杰夫·贝里克
美元侠客网主编 (http://DollarVigilante.com)

目录

赞誉
推荐序
译者序
封面照片的故事
致谢
本书的目标读者
序言

01　引言 …… 001

02　比特币的工作原理 …… 008

03　发表在密码学邮件组的第一篇文章 …… 031

04　可扩展性 …… 034

05　关于 51% 攻击 …… 037

06　中央控制网络与点对点网络 …… 040

07　初始通货膨胀率 35% …… 042

08　交易 …… 045

09　孤块 …… 051

10　交易同步 …… 054

11　交易费 …… 057

12　交易确认以及区块时间 …… 059

13　拜占庭将军问题 …… 063

14　关于区块时间、自动化测试和自由论者的观点 …… 067

15　再论双重消费、工作量证明和交易费 …… 070

16　椭圆曲线密码、拒绝服务攻击及交易确认 …… 075

17　再论交易池、网络广播以及编码细节 …… 079

18　首次发行比特币 …… 082

19　比特币首次使用的可能场景 …… 086

20　工作量证明和垃圾邮件发送者 …… 090

21　在 P2P 基金会上发布比特币 …… 093

22　分布式是成功的关键 …… 096

23　货币供应 …… 098

24　发布比特币 0.1.3 版 …… 101

25　文档时间戳 …… 103

26 比特币论坛的欢迎辞 …… 106

27 比特币的成熟 …… 108

28 比特币的匿名性 …… 112

29 中本聪回答的几个问题 …… 115

30 自然通货紧缩 …… 121

31 发布比特币 0.2 版 …… 125

32 关于订单支付的建议 …… 128

33 论工作量证明的难度 …… 130

34 论比特币的上限与节点的盈利能力 …… 134

35 比特币地址冲突的可能性 …… 138

36 QR 码 …… 141

37 比特币的图标 …… 144

38 关于 GPL 与 MIT 许可协议 …… 148

39 关于汇款监管 …… 150

40 破解密码的可能性 …… 152

41 各种不同的交易类型 …… 156

42 第一个比特币水龙头 …… 161

43 发布比特币 0.3 版 …… 165

44 隔离或"网络杀戮开关" …… 167

45 市场垄断 …… 173

46 可扩展性与轻量级客户端 …… 176

47 快速交易问题研究 …… 179

48 比特币的维基百科条目 …… 183

49 论盗用比特币的可能性 …… 188

50 发现重大缺陷 …… 204

51 关于洪水攻击的防御 …… 206

52 比特币水龙头排水 …… 214

53 以 IP 而不是比特币地址完成交易 …… 218

54 论托管与多重签名交易 …… 220

55 关于比特币挖矿的资源浪费 …… 233

56 关于只使用哈希记录的另一种区块链 …… 240

57 论采矿的高成本 …… 265

58 关于警报系统的开发 …… 269

59 货币与比特币的定义 …… 275

60 对交易费的要求 …… 282

61 有验证码和 PayPal 支付要求的网站 …… 286

62 区块链中的短消息 …… 290

63 如何应对垃圾交易的洪水攻击 …… 293

64 浅谈矿池技术 …… **297**

65 分布式域名服务器 …… **305**

66 《PC World》关于比特币和维基解密的文章捅了马蜂窝 …… **317**

67 中本聪在论坛上的最后一帖：比特币 0.3.19 版发布 …… **319**

68 给达斯汀·特拉梅尔的电子邮件 …… **322**

69 最后的私人信件 …… **334**

70 比特币与我（哈尔·芬尼）…… **337**

71 结论 …… **342**

附录　比特币：一种点对点的电子现金系统 …… **346**

术语与定义 …… **362**

01

引言

THE BOOK OF SATOSHI
THE COLLECTED WRITINGS OF
BITCOIN CREATOR SATOSHI NAKAMOTO

区块链启示录
THE BOOK OF SATOSHI

在人类历史上，我们经历过多次神奇的技术革命。古腾堡印刷机把书带入了千家万户。电报的发明实现了原始但快速的远距离通信。更近一些，个人计算机极大地提高了人类生产力，引发了互联网和数字通信的飞速发展，当智能手机将热点事件的照片第一时间上传到推特和其他社交网络时，自媒体出现了，而这些智能手机本身就是小型计算机。然而直到最近几年，货币体系仍然与重大突破无缘。

比特币依靠一套软件系统的支持，这套软件的蓝图（源代码）对所有人开放，任何人都可以随意修改以适应自己的需要。这些软件自行定义了通用的网络协议，互联网上的大量计算机通过这套协议连接起来，目前比特币就运行在这些计算机上。这套软件中的数字货币称为比特币（bitcoin），首字母小写，简称为BTC。

比特币既是一种虚拟货币又是一套支付体系，它代表了一个革命性的概念，其重要性在第一笔交易发生时就迅速显现出来。在用比特币采购时，买家只需要提供与采购相关的信息即可完成交易，例如收货地址或电子邮件账号。而用信用卡支付时，买家就必须提供足够的个人信息，而这为黑客或者手脚不干净的员工利用这些信息来欺诈和盗卡提供了方便。

然而，比特币的重大意义不仅限于支付系统的简捷性。比特币的供应量是由该软件及其底层协议确定的。最终只可能会有2100万枚比特币，截止本文完成时已经发行了大约1200万枚。

最后一枚比特币预计在2140年产生。这种限量的货币供应引发了许多争议，其中更多的是由于缺乏对协议和经济学知识的理解而产生的，而并非软件本身的问题。2100万枚比特币看起来根本不够70亿人口使用，但是这种货币高度可分割。目前该软件所允许的最小面值不像通常货币是0.01元，而是0.000 000 01BTC（10^{-8} BTC），这个面值叫1聪，是以比特币之父中本聪的名字命名的。所以1枚比特币里就有1亿聪，而2100万BTC的最大供应量就是2100万亿聪。

比特币是由一位（或一群）叫中本聪的匿名人士创造的。当时，中本先生发表了第一篇公开的网络论坛文章，公布了他的比特币论文，那时候他只是数百万在互联网论坛上发表文章的人群中不起眼的一个。他的新软件当时还在研发的早期阶段，而比特币则是前期的一个小实验。中本先生与外界的交流仅限于电子邮件，并且只持续了短短的两年多时间。自此杳无音信。大概在他发表最后一篇文章的时候，比特币价值开始暴涨，引起了媒体的注意。就在比特币蓄势待发，并开始受到广泛关注之际，中本聪退出了公众的视线。

几年之后，中本先生已经成为了偶像级人物，而他的退隐只让他更加神秘。他的身份与比特币的健康发展无关，因为代码是开源的，即使此时此刻，比特币也在不断地升级和改进。然而，了解这项神奇新技术背后的神秘人物（特别是他的思维方式）肯定会非常有趣。

中本聪为期两年的"公开生活"处于比特币推出以及发展的时期，这一切始于他发表的《比特币：一种点对点的电子现金系统》，这篇论文于2008年11月1日在密码学邮件组公布。这篇论文当时可以在 bitcoin.org 上下载，而该域名是在这篇论文发表不久前的 2008 年 8 月 18 日通过 anonymousspeech.com 注册的。比特币软件项目于 2008 年 11 月 9 日注册在开源网站 SourceForge.net 上，2009 年年初创世区块问世。可以把创世区块理解为一本总账，每天新增几张账本页（区块），其中包含了所有发生过的比特币交易记录，这本账本的第一页就叫创世区块。下一章还会对创世区块进行更细节的讲解。中本聪在创世区块中引用了一条有意思的摘录，该摘录援引了当时发生的银行救助计划：

《泰晤士报》2009 年 1 月 3 日
英国财政大臣正欲对银行业实施第二轮救助。

实施银行业救助曾经是（现在仍然是）极度不受欢迎的事件。尤其是对自由主义者，他们用这样的一段话讽刺现有的政治和经济环境："受益的私有化和亏损的社会化"。

6 天后，中本先生于 2009 年 1 月 9 日在 SourceForge.net 发布了比特币 0.01 版的源代码。本书的撰写时间是 2014 年 3 月，目前比特币的最新版本是 0.8.6。

中本聪的最后一篇文章于 2010 年 12 月 12 日发表在 bitcointalk.org 论坛。最后一次已知的通信是他在几个月后发给加文·安德森的一封私人电子邮件，加文是比特币项目的现任首席开发者。

下面是一张来自于 bitcoinmarket.com 的比特币交易数据图，这是世界上第一家比特币交易所，现已停止营业。可以看到，一枚比特币的价值在很短的时间内就从 10 美分涨到了 1 美元。中本聪在网络论坛发表最后一篇文章时，每笔比特币的交易价大约是

25 美分，接近 30 美分。

图 1　早期比特币兑美元的价格图

本书收录的内容来源于以中本聪的名义发表在几个网络论坛上的文章，以及一些往来电子邮件。纯技术性的文章没有收录进来，例如与编码、软件编译相关的内容以及比特币软件的详细技术操作文档等。文章中讨论了一些有趣的话题；特别是描述在不可靠的通信环境中遇到挑战的拜占庭将军问题（Byzantine Generals Problem），之前都认为这个问题是无解的。还有一些中本聪针对新闻报道的评论，这些新闻报道在比特币得到媒体关注后不断增加。其中一个事件是 PayPal 停止处理维基解密（WikiLeaks）的支付业务，维基解密是一家致力于选择性公开由匿名人士提供的秘密和机密信息的非营利性新闻机构。随后便有一篇发表在《PC World》杂志的文章，推测维基解密可能受益于比特币。

中本聪的文章似乎表现出他对比特币获得这种关注不太满意，并且没有准备好处理这样的关系，至少当时是这样的，他说：

"如果是在其他场合下得到这样的关注就好了。维基解密捅了马蜂窝，结果现在一大群马蜂朝我们飞了过来。"

这个事件在多大程度上决定了他退出比特币的开发尚不清楚，但至少隐退的时机是很有趣的。值得一提的是在这篇文章发表19个小时以后，中本聪在该论坛上发表了他的最后一篇文章，即比特币0.3.19版的发布公告。

很多记者和调查人员试图确定中本聪的真实面目。到目前为止，至少发生过三起指认。按常理应该在知名的密码学家当中筛选，但这些人中没有叫中本聪的。并且有证据表明这些人都不是中本聪，这些人也都否认自己是中本聪。然而，最近有一家报纸声称已经找到了中本聪，他是加利福尼亚州一名叫多里安·中本聪的工程师。多里安否认了这种说法，他应该不是撒谎。一方面，多里安没有显示出中本聪在作品中展示出来的熟练的英语表达能力。最重要的是这件事情也让中本聪打破了沉默，并于2014年3月7日，星期五，在p2pfoundation论坛发布了一条消息：

我不是多里安·中本聪。

你可以在本书中看到中本聪针对比特币的许多最常见问题及批评的回复，而且语气很中肯。假如他仍然参与比特币的发展并接受采访,我怀疑本书所包含的文章会反映出中本聪回答问题的方式。

不管比特币最终会如何发展,无可争议的是这套软件已经让世人接受了一个新概念。因为开放源代码,也让无数其他分布式数字货币有了进场的机会。虽然其中大多数并没有任何重大创新,也就是改改发行数量,提高一下交易确认速度(比特币的术语中称为区块创建),或者修改一些加密算法等,但还是出现了一些包含了重要的新特性、新概念的数字货币。其中一个叫"真相币"(Truthcoin),自称是开放式、分布式、抗审查、鼓励兼容、可扩展的比特币预测市场。另一种叫"以太坊"(见 ethereum.org)的数字货币,创始人声称可以让用户将高级的交易类型、智能合约和分布式应用程序编码转移到区块链(比特币每天增长的巨大公开总账)上。富有创新精神的思想家们正在尝试将比特币的一些概念应用到真正开放的投票系统,让选民确信选票能得到正确的清点,并且任何时候都能够查看完整的计票结果,从而保证选举的透明度。因此,比特币显然已经引发了一场互联网上的新技术革命,成为改变世界的又一项创举。

欢迎提出建议和更正。另外,如果你与中本聪先生私下有过电子邮件交流,并希望公开这些内容,欢迎投稿。请随时与电子邮箱 BookOfSatoshi@gmail.com 联系。

02

比特币的工作原理

THE BOOK OF SATOSHI
THE COLLECTED WRITINGS OF
BITCOIN CREATOR SATOSHI NAKAMOTO

比特币被描述为具有自由主义性质，但是部分自由主义者以及金本位的支持者并不喜欢比特币，事实上有些人还在公开场合不断表达对它的蔑视。据我所知，这些人并没有很好地了解比特币的基本概念。要充分理解比特币，了解其工作机制和运行原理是必不可少的。如何保持由不同群体组成，同时又由多个人管理的分布式系统的完整性？如何避免加勒特·哈丁所谓的公地悲剧？在这种经济情况下，每个人根据自身的利益各自采取理性的行动，过度消耗公共资源背离了整个群体长期的最佳利益。典型的案例就是一群牧民在一个公共牧场放牛。要限制自己的牛吃草来保护牧场并不符合牧民的自身利益，这导致了公共资源（也就是牧场）的过度使用和消耗。

本章从比特币的工作机制开始。要认识和理解本书，必须对比特币的主要概念有基本的了解。本章将讨论上述内容，并阐明为什么比特币是已经被证明的切实可行的支付系统解决方案。最后通过详细说明比特币的经济影响结束本章。

比特币实质上包含了以下概念：

▲ 公开账本（称为比特币区块链）。可将它看成一本巨大的、可以公开翻阅的账本，该账本包含了比特币系统有史以来所有交易的账目记录，并且还在不断增加新的账本页。

▲ 用于交易授权的非对称加密算法。

▲ 构成分布式网络的计算机节点（也称为矿工），负责校验比特币交易以及更新公开账本。

下面将详细探讨以上这些概念。

比特币区块链：公开记账

比特币网络的所有成员共享一本公开账本，即**区块链**。这就像一本巨大的会计账簿，每一页上列有一系列的交易。大约每十分钟增加一页新账本页，其中包含着由世界各地的付款人发起的最新比特币交易。这本巨大的账本对互联网上运行比特币软件的人一直保持开放。注意，在智能手机或个人电脑上运行的可以在比特币网络上进行支付的软件称为**比特币钱包**。

在比特币术语中，组成账本的页面称为**区块**，因为它们就像"块状"的数据。区块链由许多单独的区块组成，长度在不断地增长，包含从 2009 年 1 月比特币推出以来发生的所有交易。

比特币交易请求包含以下内容：

1. 付款人的比特币地址，其中包含了支付的资金来源。
2. 收款人的比特币地址。
3. 需要转让的比特币数量。

由于区块链包含了所有与付款人的比特币地址相关联的出入账历史，管理着比特币网络的矿工可以证实付款人有足够的钱支付。所有人在任何时间都可以查看任意指定比特币地址链接的比特币的数量。你可以亲自在 blockchain.info 网址上输入下面的地址进行查看。

1GaMmGRxKCNuyymancjmAcu3mvUnVjTVmh

在"查找"的下方，输入该地址后即可看到与此地址关联的比特币数量。

虽然没人能知道比特币地址的拥有者身份（除非自己公开信息），但是与该地址相关的出入账记录以及账户余额却是公开可见的。

非对称加密：谁能花费那些比特币

诸如上述的交易与加密密钥相关。比特币采用了一种非对称加密系统（也称为公钥加密系统），该加密算法需要一对密钥，其中每个密钥由一长串数字或字符组成。一个密钥是公开的，用于解密操作，另一个是私钥，负责加密操作，反之亦然。

算法很容易创建私钥并导出相应的公钥。然而，却无法从相应的公钥通过计算反推私钥，因此公钥，顾名思义，是可以公开的。收款人可以用公钥取到交易信息，以使比特币转账得以继续进行。图2从概念上解释了比特币的双密钥系统，它为比特币运作提供了部分基础。

比特币软件的算法只允许私钥持有者"支取"关联在该比特币地址上的比特币。收款人把自己的比特币地址告诉付款人。因为只有接收方知道与自己地址关联的私钥，所以也只有他才能在后来获得、使用或转让这些比特币。

比特币的发送者用私钥对比特币交易进行数字签名。比特币交易实际上包含了相应的公钥（暂时假定这就是比特币地址）。系统使用该公钥校验数字签名的有效性，从而确认发送者确实是私钥持有者。系统允许私钥持有者使用公开账本里与其比特币地址相关的比特币，随后公开账本（即区块链）用包含这次交易的新账本页（即区块）进行更新。将新交易加入区块链然后公告比特币网络,把这些比特币作为收入记入收款方的地址账户,同时也作为支出记入付款方的地址账户。私钥由一长串数字和字符组成,通过由密码保护的比特币钱包(即用户计算机、移动设备或其他 Web 应用上的软件)进行存储和管理。

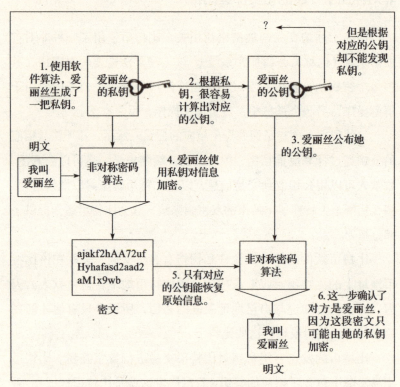

图 2 非对称加密图解

网络矿工充当铸币工、记账员和系统监管员

到目前为止,我们已经讨论了交易的来龙去脉。如果比特币

是中心化运作的体系，我们可以高枕无忧了，因为会有一个单一实体专门负责这项任务。然而比特币是一个分布式体系，由一群自愿参与的计算节点来共同负责，这些矿工分布在世界各地。记账和支付授权可以由不同实体进行操作，了解系统如何以这种方式来维护每个人的利益就显得非常重要。系统的这个特性就是之前提到的关键知识点之一，也经常被比特币的批评者所忽略。

矿工是负责比特币网络运作的计算节点，它负责验证交易的有效性，并用包含最新交易的新区块定期更新区块链。比特币软件由每台计算机上的矿工运行，包含了由一组规则和约定构成的比特币协议。

总的来说，比特币网络要求区块链（公开账本）持续更新，添加新的区块（账本页）。大约每十分钟新增一个区块，其中包含了一组最新的交易。虽然所有矿工都在产生下一个区块，但只有其中一个矿工会被选中，由它产生的特定版本区块将会被添加到区块链中。事实上，每个矿工在创建自有版本的下一个区块时都是为了自身的利益，这样可以从中收取该区块交易中的交易费。虽然比特币交易中像付款人、收款人、金额这样的核心参数不能更改，但大部分交易都包含了由付款人支付的交易费，如果某矿工产生的区块被选中加入了区块链，那么该区块中的交易费就都可以记录到该矿工的账户。因此，该矿工要更新其中的每笔交易，并将这些交易的交易费记入自己的比特币地址。

除了交易费，有幸将区块加入区块链的矿工还会额外赚到一笔新"铸造"的比特币存款。矿工创建一笔额外的交易，将新铸造的比特币加入自己的比特币账户。这笔钱叫区块奖励。2014年，比特币协议允许每个新区块给矿工分配25枚新比特币。这是在收取交易费的基础上额外赠送的。比特币刚开始推出时，每个区块分配50枚比特币（BTC）的奖励，奖励数量大约每四年减半。

因为生成区块并选入区块链能赚到新比特币，所以矿工竞相努力挖矿。稍后将对这个选择过程的运作细节做出解释，暂时可以先将其当成是执行昂贵的计算任务以解决一个数学问题。找到问题的答案很难，但是验证答案的正确性却很容易。第一个找到区块问题答案的矿工可以向全网的矿工公布该区块。

矿工在收到区块及其问题答案后就开始着手验证，证明为区块找到的答案是正确的。比特币协议设置问题难度的方式是让找到答案所需的时间平均保持在10分钟左右。

如果解答问题产生新区块的矿工给自己的账户记入了超过当前允许的25枚新比特币，其他的矿工就会拒绝接纳该矿工所提供的区块，并继续为自己的区块寻找答案。每个区块都略有不同，所以每个矿工要找的答案均不相同。

接下来的过程看起来不太自然，当一个矿工解决了计算任务并通过验证，其他矿工马上接受失败，并同意将该矿工的区块作为区块链的下一个区块，然后再开始着手下一个区块。下一个区块将上一个区块产生后的最新交易添加到自己的区块，然后再寻找新区块的问题答案，然后加入到永无止境的区块链。

比特币的运作方式解释了为什么第一个找到问题答案的矿工只能发给自己符合协议的比特币奖励。这么做可以保证矿工生成的区块可以被其他矿工所接受，并收到相关的报酬（即交易费）。同样，其他矿工也不能通过拒绝接受有效区块而获利。比特币支付系统只有在运行正常时才能保持其价值。如果矿工都只接受自己生成的区块而拒绝其他的，那就无法达成共识，整个体系的价值将因此而被摧毁，对所有矿工都没有好处。这种情况下，矿工有再多的比特币也没有价值。因此，如果大家都尊重比特币软件的协议，那么所有矿工都将受益。因此，比特币的表现与之前所描述的公地悲剧完全不同。

前面提到过，解答区块数学问题需要完成昂贵的计算任务，现在对其细节进行深入的剖析。如果矿工想让自己的区块入选，就必须解答一个与区块相关的问题。该过程称为工作量证明，这意味着矿工必须为此付出努力。要充分理解其工作机制，必须先了解被称为哈希函数的密码学概念。然后就能解释如何将其应用于矿工的工作量证明。

哈希函数——数字指纹

加密哈希是一种执行简单任务的复杂算法，可以将任意长度的文字（整本书、一篇文档、一句话甚至一个字）转换成固定长度的随机字符串。图3提供了一些示例。哈希函数的输出结果通常称为消息摘要，被视为文件的指纹。

注意，图3中的输入"There are 2 dogs in the backyard"生成了与"There are 3 dogs in the backyard"完全不同的摘要。只修改一个字就会导致输出的字符串的完全变化。图3中的摘要均以十六进制输出。与常用的十进制系统不同，十六进制系统的基数是16。十六进制系统采用16个字符表示系统中的16个数字。

符号0到9表示数字0到9,字母A到F表示数字10到15。因此,十六进制数F表示十进制数15。而十六进制数5A36则等于$(5 \times 16^3) + (10 \times 16^2) + (3 \times 16^1) + (6 \times 16^0)$,即十进制数23 094。要了解其机制,可以用计算机的计算器来试验十六进制数与十进制数之间的转换。

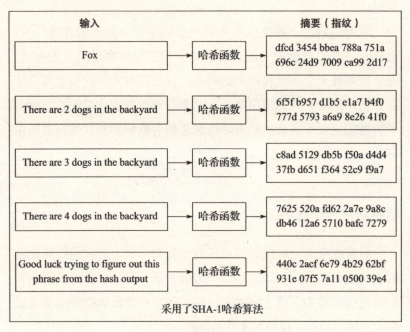

图3 应用中的哈希算法

比特币用户无法控制哈希计算的结果(见图3中的摘要)。另外,几乎不可能找到特定摘要输出的输入。因此,生成摘要很容易,但是不可能从摘要中推导出原始文本。就像单凭指纹无法找到留下指纹的人,除非此人曾经录过指纹。

前面提到所有矿工都能轻易验证某个答案的正确性，但寻找答案却很困难。这就是为什么哈希函数是实现比特币的理想选择。矿工在试图解答问题时，摘要的内容必须符合特定的模式。由于无法控制摘要的哈希结果，只能调整文本中的一个数字，然后反复进行哈希计算，直到撞上符合比特币协议要求的特定模式输出为止。这个过程类似于图3通过改变狗的数量（"2 dogs""3 dogs""4 dogs"）以得到不同的摘要。例如，当前比特币协议规定摘要内容的开头必须是"00"。通过改变示例中狗的数量，使摘要中的十六进制数最终符合要求，以找到该区块问题的答案。

矿工寻找问题答案时常常需要数百万次哈希计算才能找到正确的模式，但其他矿工验证答案的正确性则只需要一次哈希计算。

从输入文本创建摘要内容的比特币哈希算法使上述系统成为可能。因此，理想的哈希函数有四个主要属性[⊖]：

▲ 计算任何给定消息的哈希值要简单。
▲ 不可能依据给定的哈希值生成消息。
▲ 不可能只修改消息而保持哈希值不变。
▲ 不可能找到具有相同哈希值的两条消息。

下面取自维基百科的例子说明了采用的哈希函数。

爱丽丝向鲍伯提出了一个数学难题，声称她已经解答了该问题。鲍伯想自己试试，但是希望先确信爱丽

⊖ http://en.wikipedia.org/wiki/Cryptographic_hash_function

丝并没有欺骗他。因此,爱丽丝写下答案,然后计算出答案的哈希值,并把哈希值(答案仍然保密)告诉了鲍伯。当鲍伯几天后自己解答完毕后,爱丽丝就可以拿出自己的答案,由鲍伯进行哈希计算,然后与他之前收到的哈希值对比以证实她之前确实已经解答了。(这是承诺方案的一个简单示例,在实际应用中,爱丽丝和鲍伯是计算机程序,而两者之间的秘密要比示例中的情况更难以欺骗。)

用户要对比特币系统的文档或文本进行数字签名,哈希函数是这个过程的一部分。下面要讨论的是比特币工作量证明中最有用的两个特性:

▲ 从给定哈希值生成消息的不可能性。
▲ 仅修改消息中的一个字就会生成全新的哈希值。

现有好几种类型的哈希算法,比特币采用了其中的两种:用于工作量证明的 SHA-256 以及用于比特币地址的 RIPEMD-160。哈希函数是工作量证明的核心,下面就讨论这部分内容。

矿工的工作量证明

每个矿工在任何时刻都以解答难题的方式积极从事生成下一个即将加入区块链的区块的工作,这就是**工作量证明**。第一个完成工作量证明的矿工获得的奖励包括新铸的比特币(本书写作时为 25 枚)以及产出区块交易费的总和。交易费通常是由付款人在发起交易时附加的一笔小钱。所有的比特币将在大约2140年铸造完毕，此后矿工将仅以交易费作为奖励。

因此，可以认为工作量证明是比特币矿工之间的竞赛，竞相发现将要生成区块的具有某种特征的SHA-256哈希值。前面已经看到输出的哈希值是一个非常大的十六进制字符串。矿工的目标就是通过生成符合特征的哈希值来解答问题。第一个算出具有这种特征哈希值的矿工，其区块经其他矿工验证后即可加入区块链，这些在前面已经讨论过。

为了简单起见，假设输出哈希值的取值范围为0到1 000 000，第一个算出小于10 000哈希值的矿工胜出。10 000就是阈值，每个比特币区块都含有一个数字，其唯一目的就是帮助达到阈值。

比特币区块内用于阈值测试的数字称为"临时数"（nonce）。矿工不断增加临时数的值，直到区块的哈希值小于阈值。前面提到过，每个矿工的区块有不同的信息，因此相同的"临时数"会产生不同的哈希值。过程如图4所示。

每台矿工计算机上运行的比特币软件控制着比特币协议不断调整问题的难度，确保大约每10分钟才会有一个矿工解答完问题。目的是让区块链定期加入新的区块，新区块中包含着之前10分钟发出的最新交易。10分钟的选择略显主观，后面章节也会看到，中本聪将对这个选择进行一些讨论。

上面的讨论将临时数和阈值相提并论。因为工作量证明的哈希值是十六进制数，阈值就可以转化为前X个数位为0，X会定期调整以保持工作量证明的难度处于相当稳定的状态。

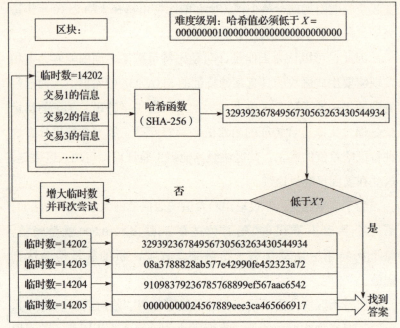

图 4 工作量证明演示

例如,假设区块链第 282435 号区块上有以下的 SHA-256 哈希值:

0000000000000000c6647dad26b01b28f534223450d75d3b6b2882855039b673

回顾十六进制表示 0 到 15 这 16 个数字的符号,其中表示 0 到 9 的符号与十进制一样,就是 0 到 9,表示 10 到 15 的符号用 A 到 F 表示。上面列出的十六进制数字由 64 个字符所组成。因为十六进制数字的左边项表示 16 的更高幂次,所以数字更大,要减小哈希值,其输出的前几个字符必须为 0。这就是为什么小于某个阈值的哈希值可以转换为前面几位为 0 的数字。所以工作量证明就是寻找到那个临时数,以生成小于阈值的哈希值,而阈值由比特币协议确定。

在图4的例子中,只有前16位数字为0的哈希值低于比特币协议设定的阈值。因此,谁先得到这个字符串谁就胜出了,区块必须不断改变"临时数"直到一个满足所需前几位为0的十六进制数产生。这就像买彩票,彩票买得最多(即生成SHA-256输出值最多)的矿工有最大机会找到含有正确位数0的数字。比特币系统的这一要求导致了一场硬件竞赛,所有人都想创造出每秒能计算出更多哈希值的硬件。首先发现区块链上第282435号区块哈希值的幸运矿工将临时数增加到505 482 605(十进制),意味着该矿工需要产生超过5亿个哈希值才能找到含有正确位数0的答案。

如前所述,比特币协议的目标是大约每10分钟创建一个交易区块。如果难度级别确定,更多的矿工加入或更精确地说随着每秒计算出更多的哈希值,10分钟以内发现所需摘要(哈希值)的机会就会增加。一定区块过后,比特币协议评估区块产生的速度:如果平均小于10分钟,就调高难度级别(即增加前几位0的个数,降低任何单个矿工获得特征摘要的概率);如果长于10分钟,那就降低难度级别(即减少前几位0的个数,以提高算出的概率)。

一旦矿工发现能产生正确哈希值的临时数,就将该区块广播出去,而其他的矿工则在验证后接纳它,并开始着手下一个区块。因此,比特币的运作方式就像每10分钟开一次奖的彩票游戏。谁会成为那个找到正确临时数的幸运矿工呢?

图5说明了工作量证明背后的概念。请注意,区块中含有的信息比图中更多,为简单起见做了一些简化。

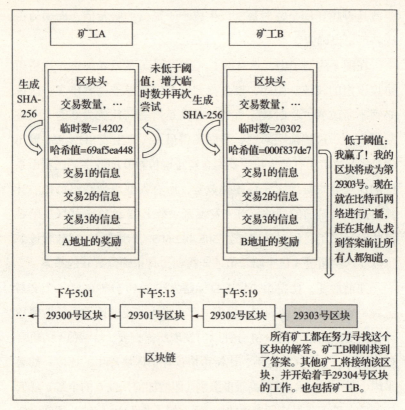

图 5 工作量证明的胜出者

矿工共识与孤块

　　如前所述,比特币的正常运行很大程度上依赖于共识。当两个矿工几乎同一时间完成区块时,共识开始发挥作用,这个概念在第 9 章还要进一步讨论。当这种情况发生时,两个矿工都向比特币网络广播已解答的区块。两个区块会被其他所有矿工接收和保留，但是矿工们会在先收到的那个区块的基础上计算下一个区块。假定 50% 的矿工先收到矿工 A 的区块，50% 的矿工先收到矿工 B 的区块。在图 6 中以第 29302 号区块为例说明这种情况。

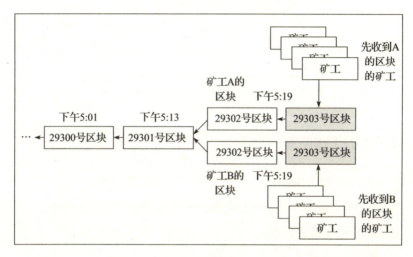

图 6　区块分叉

这种情况类似于体育比赛进入到了加时阶段。两个区块中哪一个会成为真正区块链的一部分取决于下一个区块解答得有多快，以及解出下一个区块的矿工先收到矿工 A 的区块还是矿工 B 的区块。此节点上存在着两个版本的区块链，一半矿工的区块链含有 A 的 29302 号区块，另一半矿工的区块链含有 B 的 29302 号区块。哪个版本能幸存取决于矿工能在哪个版本上解出下一个区块，即图 6 中的 29303 号。当 29303 号区块得到解答，该版本的区块链成为二者中最长的链，因此成为正式链。所有矿工丢弃另一版本的区块链，使其成为所谓的孤块。该过程如图 7 所示。

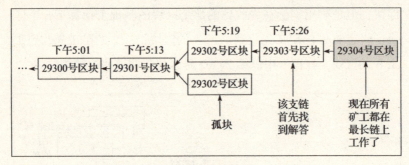

图7 最长的链胜出

比特币的工作原理

前面讨论了比特币的工作原理,但并没有阐明为什么要这么做。为了理解这一点,需要先掌握一些额外的概念,例如开源软件。这些概念解释如下:

▲ 比特币是*开源软件*。
▲ 比特币软件制定了矿工和钱包客户端必须遵从的操作指令。
▲ 比特币软件定义和运行了一套通信协议。
▲ 区块链的分布式文件共享容许开放记账。

开源软件是源代码可供任何人查看的计算机软件。此外,它在一种特殊许可证的控制下,允许任何人修改和使用。有了源代码,程序员可以重建程序(运行在计算机上的二进制文件)并且随意修改。因此涌现出许多比特币的模仿者,这些虚拟货币之间只有一些表面上的区别,大多数都没有包含重大的创新,只有极少数例外,例如 Namecoin。这些山寨币大部分仅修改了区块创建的速度、流通钱币的总量以及采用的加密哈希算法。

开放软件的源代码让专家可以分析和验证软件的完整性,即确定软件做了它声称要做的事。Linux 就是开源软件的一个突出例子,它抢走了微软的 Windows 在服务器行业的市场份额。由于其开源性,发现问题和修复速度要比专有软件快得多,因为多个程序员都在不断地检查和改进代码。Linux 已经表明大众利益和自身利益可以同时满足,至少在管理开源软件方面是这样。这种开放性保证了在专有软件中无法达到的高水平完整性,专有软件所在的公司只能靠声誉来保证它做好该做的事。

比特币在互联网上运行时还使用了一套矿工和钱包客户端必须遵从的预定协议。钱包客户端是智能手机上的 App 或者个人电脑上的程序,它可以通过钱包客户端发起支付交易,然后由矿工在交易被纳入区块链之前验证。如果矿工不遵守协议,其工作将被其他矿工拒绝,也就不能为比特币网络的运行做出贡献。

一个针对比特币的代表性争论是中本聪为比特币设定的 2100 万的发行上限。一旦达到上限,怎么才能阻止有人提高上限呢?事实上无法阻止,但需要大多数矿工的合作才能实现这个修改。即便在大多数矿工同意解除限制的情况下,如果某些矿工不同意,也将会导致区块链的分叉。赞成取消限制的矿工将会使用一个版本的区块链,不赞成的矿工将会使用另外一个版本。实际上,这就会产生两种虚拟货币,即"原始比特币"和"量化宽松比特币"。长期来看,其中一个版本将会更久和更好地保持价值,并因此成为首选版本,而另外一个版本的价值将会下降。哪个版本将会把价值保持得更久,并留住比特币用户的兴趣?

至少到目前为止,比特币开发社区对软件变更仍持非常保守的态度，实施重大变更的首选方法是创造新的虚拟币，有些对货币的数量不做任何限制。

支撑比特币的最后一个特征是，不仅软件是开源的，而且记账的方式也是公开的。由于彻底改变了记账方式，一些人已经将区块链命名为"三式记账法"。任何人都可以检查区块链并且验证记账是否符合当前比特币协议的要求和规范。区块链的分布式文件共享意味着任何运行比特币软件的人都连接了比特币网络，并可以访问区块链。

要更好地了解比特币令人叫绝的概念基础，强烈推荐阅读中本聪的白皮书。这里所提供的信息应该使该论文更容易阅读。本书的结尾包含了该论文的副本。

http://bitcoin.org/bitcoin.pdf

希望本章能够帮你完成对核心概念的理解。现在你应该可以更容易地阅读比特币的论文以及本书的剩余部分。

比特币的影响

作为一种货币系统，比特币的影响巨大。其中一个优势是人们通过它可以进行全球汇款，就像发邮件一样简单。这对要向祖国亲人寄钱的移民工人特别有利。相比之下，提供跨境汇款的公司都要收取高额费用。在法定货币和比特币（BTC）之间兑换也存在着处理费用，但是远比传统的汇费要低很多。

另一个好处是网上购物和网上捐赠。当前的信用卡支付体系未来可能会发生彻底的改变。信用卡支付需要提供付款人的大量信息，包括账单地址和信用卡背面的 3 位数字验证码。从本质上讲，这相当于把比特币账号的加密私钥送给了商家。这个安全漏洞所引起的大量欺诈行为已经通过高刷卡费、商家要处理的退款等形式表现出来了。信用卡公司每年需要投入大量资金来处理欺诈指控。这些成本转嫁给商家，然后再通过更高的商品和服务收费转嫁给消费者。

比特币的另一个重大影响体现在金钱方面，特别是其系统能力体现出它是金钱而不仅仅是货币。货币具有以下属性：

▲ 交易的媒介（在贸易中作为中介）。

▲ 记账单位（可计算，可量化）。

▲ 持久性（可以存在很长时间）。

▲ 可分割性（所以要有更小的单位）。

▲ 便携性（便于携带运输）。

▲ 互换性（可以相互交换，1 个价值单位可以替换另一个等价的单位）。

除了具有上述属性之外，金钱还具有另一个属性：

▲ 长期保值的能力。

与金钱不同，货币会受到通货膨胀的影响。20 世纪初的膨胀定义很简单，就是指某物增加的行为，对货币而言就是印更多的钞票。今天的词典普遍把膨胀定义为物价上涨。然而，物价上涨是货币贬值的表现，是当市面上出现了比以前更多的货币时发生的现象。有趣但不意外的是，词义的转变反映了这个时代纸币与黄金、白银渐行渐远，物价越来越高。举例来说，我们的祖先所看到的是粮食价格一辈子几乎都保持不变。然而,现在的人已经习惯于把物价上涨看成是天经地义的。就像在终年下雨的地方,没人会把雨和云联系在一起。但怎么能怪他们呢?因为他们从未看见过蓝天。同样,今天大多数人都没有意识到食物价格的上涨是由通货膨胀所引起的,有时物价上涨还会出现滞后的现象。例如,20世纪60年代的通货膨胀直到十年后的70年代才显现出来。

要维持长期的购买力(即免受通货膨胀的影响),必须限制货币供应量。由于有限的储量以及开采的困难,几千年来黄金和白银一直被选为货币。可以将开采贵金属付出的努力与比特币系统的工作量证明相类比。再将这类真正的付出与简单地加印钞票相对比。纸币最早只是作为方便贵金属交易的替代品(衍生品)而出现的。纸币容易复制,一直备受通货膨胀困扰,早期的金匠以及后来的银行家利用银行业的部分准备金制度,借出的纸币(即印制更多的纸币)超出实际持有的黄金储备。这导致了频繁的银行挤兑危机,这类事件充斥史书。

在计算机和网络出现以前,交易的媒介仅限于贵金属和纸币。其后,电子通信引入了黄金和白银无法直接参与的新交易方式。直到现在,只有中央控制的且可以电子传输的货币存在,它让控制者能自由决定基础货币的供应规模。当尼克松总统在外汇市场上废除美元与黄金的可兑换性时,就清楚地表明了这一点。越南战争和林顿·约翰逊的"伟大社会"就是靠电子印刷机稀释美元来资助的。物价上涨要过一段时间才会显现出来,紧接着,黄金的美元价格就显著地高于美元与黄金脱钩前大家普遍接受的35美元每盎司的固定价格。美元因此变成了一种自由浮动的、不断膨胀的货币。现在其他国家的货币也都如此。

第 7 章将会讨论法定货币如何让政府从流通货币的价值中获取资金来支撑财政赤字。穷人受通货膨胀的影响最大，中产阶级在一定程度上亦是如此，而富人则利用发债和各种金融衍生工具收购公司以及创收型的商业地产。他们知道债务会随着货币一起贬值，人为提供了额外的收益。赢得"贫困之战"的第一个办法是摆脱通货膨胀，恢复货币长期保持价值的形式。但是别指望政府会提出甚或接受这种方案。

目前，报纸和杂志上许多关于比特币的文章都将"通货紧缩"作为其主要缺点。通货紧缩意味着以比特币（BTC）计价的物价将会下降。事实上，这正是比特币所带来的主要好处。报道称人们宁愿"囤积"比特币而不愿意在经济活动中消费。首先，设想将来比特币成为法定货币。人们还是要生活，仍然还要吃饭和居住，因此也必须支付这两项费用。这些文章中的评论是对金钱概念的错误理解。只储蓄不支出，亦即"囤积"——这里是储蓄的贬义词，并非消费不发生了，而只是把消费推迟到了未来的某个时间点。可以看看一些所谓的"比特币百万富翁"最近的表现，他们在某个时候富有到用比特币购买奢侈品。在以金钱为基础的经济体系中，储蓄者不会与制造商、建筑商、工厂还有那些推迟消费的人竞争资源。资源指的是任何形式的能源、商品、时间和劳动，特别是专业化的劳动。试想一下，如果某个人决定待在家里省钱，而不是挂上拖车到处旅行。因为没有出去旅行，所以本应花在旅游中的汽油费用就可以由制造商用于运输建造新工厂的原材料。印刷美元并没有创造更多的石油、电力，也没有让每天多出几个小时。这些简单的例子说明了通过限制比特币的供应量而获得保持其价值的概念，希望读者可以从中看出像比特币这样的货币所具有的重要影响。

　　本章涵盖了比特币背后的技术以及其底层软件的概念，并讨论了中本聪本人有可能坚持的另一种经济学观点。我们对比特币是什么及其工作机制已经有了很好的了解，现在翻到下一页，与比特币的创造者中本聪相聚吧！

03

发表在密码学邮件组的第一篇文章

THE BOOK OF SATOSHI
THE COLLECTED WRITINGS OF
BITCOIN CREATOR SATOSHI NAKAMOTO

本章是中本聪的比特币创世公告。发表于密码学邮件组，这是为对密码学相关的事物感兴趣的人而设立的网络论坛。

比特币：点对点的电子现金支付

中本聪，星期六，2008年11月1日，16:16:33 UTC-7

我一直在研究一种全新的完全点对点而且抛弃可信第三方的电子现金系统。

论文地址为：http://www.bitcoin.org/bitcoin.pdf。

主要特性：

▲ 用点对点的网络避免双重消费。

▲ 不需要铸币厂或其他的可信机构。

▲ 参与者可以匿名。

▲ 新币产生于以哈希现金方式出现的工作量证明。

▲ 产生新币的工作量证明也助力网络防止双重消费。

比特币：一种点对点的电子现金系统。

摘要：

这种纯粹点对点的电子现金无须通过金融机构就可以让一方直接在线支付给另一方。数字签名技术为其提供了部分解决方案，但如果仍然还需要可信的第三方来防止双重消费，那么它就失去了主要的作用。本文提出了一种使用点对点网络来解决双重消费问题的方案。该网络对所有的交易都加盖时间戳，盖戳的方法是计算交易数据的哈希值，然后放入一条不断延伸的基于哈希的工作量证明链中，形成一条链上记录，要篡改一条记录必须重新完成工作量证明。最长的工作量证明链不仅是所有交易顺序的证明，而且也是该链是由最大计算能力组合而产生的证明。只要控制多数计算能力的计算节点不联合攻击本网络，这些节点就能战胜蓄意攻击，从而产生最长的链。构建该网络有最小的结构需求。尽可能把消息广播到全网，计算节点则可以随时离开和重新加入本网络，重新加入时会将最长工作量证明链作为离开时发生交易的证明。

全文请见：http://www.bitcoin.org/bitcoin.pdf。

中本聪

密码学邮件组

04

可扩展性

THE BOOK OF SATOSHI
THE COLLECTED WRITINGS OF
BITCOIN CREATOR SATOSHI NAKAMOTO

04 · 可扩展性

本章是中本聪对可扩展性问题的评论的一个回复。要完成一笔支付交易，客户端的钱包必须拥有完整的区块链，随着区块链的增长，这将为客户端的钱包带来内存负担。中本聪在后来发布的版本中解决了这个问题。今天的智能手机 App 可以通过连接到拥有完整区块链的可信服务器轻松地处理交易。

回复：比特币：点对点的电子现金支付

中本聪，星期日，2008 年 11 月 2 日，17:56:27 UTC-8

> 詹姆斯·A. 唐纳德写道：
>
>> 中本聪写道：
>> 我一直在研究一种全新的完全点对点而且抛弃可信第三方的电子现金系统。
>>
>> 论文地址为：http://www.bitcoin.org/bitcoin.pdf。
>
> 我们非常非常需要这样一套系统，但是按照对您所提建议的理解，它似乎无法扩展到所需的规模。
>
> 要使可转让的工作量证明有价值，就必须让它有货币价值。要有货币价值，就必须在非常大的网络中转让，类似 BitTorrent 的文件交易网络。
>
> 为了能及时发现并阻止双重消费问题，交易者必须拥有与

交易相关的大部分过往记录，一种简单直接的实现方式就是要求每个参与方都拥有大部分过往交易的记录，或者最近发生交易的大多数过往记录。如果有上亿用户参与交易，每个人都要知道全部的或大部分的交易记录，由此会产生大量的网络带宽。

早在网络尚未变得如此之大的时候，用户就可以安全地使用简化支付验证（见第8节[1]）来检查双重消费了，该方法只需要区块链的头文件，差不多相当于每天12KB。只有想产生新币的矿工才需要处理网络节点的数据。刚开始的阶段，大多数用户都会处理网络节点的数据，但是当网络带宽用量增长到一定程度时，越来越多的网络节点数据就会留待拥有专门硬件服务器集群的专家们去处理了。服务器集群只需要一个节点就可以连接网络，局域网的其他服务器可以通过该节点连接。

带宽可能没有您想象得那么高。记录一笔典型的交易大约需要400字节（ECC非常紧凑）。因为每个交易需要广播两次，所以每笔交易需要1KB。Visa信用卡在2008财年处理了370亿笔交易，平均每天1亿次。那么多的交易需要100GB的带宽，相当于12部DVD或2部全高清电影的大小，按目前带宽的价格计算大约需要18美元。

网络真要达到那么大的带宽规模，估计还要好几年的时间，到那时候在网上传递2部高清电影可能没什么大不了的。

中本聪

密码学邮件组

---

[1] 此处是指中本聪发表的论文的第8节，可见本书附录A.8节。——编辑注

05

关于51%攻击

THE BOOK OF SATOSHI
THE COLLECTED WRITINGS OF BITCOIN CREATOR SATOSHI NAKAMOTO

本章解答了关于所谓 51% 攻击问题的争论。当一个或一群矿工获得了大多数的哈希值产出能力（即工作量证明）后，可以发起交易然后再撤销交易，从而达到双重消费目的，也可以阻碍确认某些交易或者其他矿工寻找有效的区块。

回复：比特币：点对点的电子现金支付

中本聪，星期一，2008 年 11 月 3 日，11:45:58 UTC-8

约翰·莱文写道：

> 中本聪写道：
>> 只要诚实节点控制网络上大多数 CPU 的计算能力，就可以产生最长的链并且战胜任何攻击者。
>
> 但是他们没有做到。攻击者通常控制超过 10 万台计算机的僵尸集群。我熟悉的维护垃圾邮件发送者黑名单的人告诉我，他们经常一天就能看到 100 万个新僵尸。
>
> 正是这个原因导致基于哈希值的电子现金无法在现在的网上运行，好人拥有的计算能力远逊于坏人。

谢谢您提出这个问题。

这句话强调得还不够：要求所有好人集体拥有比任何单一的攻击者更多的计算能力。

尽管会有很多小的僵尸集群，但是它们不足以压倒整个网络，它们仍然可以通过产生比特币而赚钱。这些小集群在这种情况下就称为"诚实的节点"。产生比特币的小集群越多，压倒整个网络的难度就越大，也使得比较大的集群无力推翻整个网络，所以它们可能也靠产生比特币赚钱。根据长尾理论，小、中、少量大型集群计算能力的总和应该远超过最大僵尸集群的计算能力。

即使一个坏人的计算机能力能够压倒网络，也不会瞬间致富。他所能做的就是收回自己花出去的钱，就像开了一张空头支票。要利用这一点，他要先从商家买点东西，等到发货之后，压制网络并尝试收回自己的钱。这样的计划赚到的钱不太可能比产生比特币的多。有那么大的僵尸集群，产生出来的比特币应该比其他人加起来都多。

比特币网络把僵尸集群转移过去产生比特币或许可以减少垃圾邮件。

中本聪

密码学邮件组

06

中央控制网络与点对点网络

THE BOOK OF SATOSHI
THE COLLECTED WRITINGS OF
BITCOIN CREATOR SATOSHI NAKAMOTO

中本聪引用了政府关闭诸如音乐文件共享网站 Napster 或数字黄金货币 E-gold 这样的中心化系统的能力。纯粹的点对点网络系统已被证明更具适应性。

回复：比特币：点对点的电子现金支付

中本聪，星期五，2008 年 11 月 7 日，09:30:36 UTC-8

（此处省略对强力垄断系统脆弱性的冗长论述。）
在密码学中找不到政治问题的解决办法。

是的，但是我们可以在军备竞赛中赢得一场重大战役，并在几年时间里获得一片新的自由领域。

政府擅长切断中央控制的网络，如 Napster，但像 Gnutella、Tor 这样的纯点对点网络看起来还能挺得住。

中本聪
密码学邮件组

07

初始通货膨胀率35%

THE BOOK OF SATOSHI
THE COLLECTED WRITINGS OF
BITCOIN CREATOR SATOSHI NAKAMOTO

最初，随着头几年每10分钟产生50枚比特币，每年产生260万枚比特币。比特币从2009年1月开始发行，起初的通货膨胀率高得惊人。然而，由于最初的供应量实在有限，高通胀率主要源于对货币需求的增长。相比之下，像委内瑞拉玻利瓦尔、阿根廷比索或津巴布韦元这类国家货币在发行之初就有足够且相对稳定的供应量。然而，作为这些国家政府解决财政赤字问题的手段，这些货币的印刷速度随之上升。

政府有三种方法为财政赤字提供资金：通货膨胀（加印新钞）、社会借款和税收。政府倾向于通过法令支持货币（即创造新货币），这样就能把不可避免的物价上涨归咎于投机者，而真正的罪魁祸首其实是通货膨胀。委内瑞拉政府在2013年就使用了这个借口，2014年又用了一次。迫使政府用黄金、白银或比特币来资助赤字性支出，这次他们就只能通过增加税收（公众不欢迎的求助手段）或在信贷市场借贷来筹集资金。后者导致借贷利率上升，如果政府不削减开支解决赤字问题，将不得不提高税率。

回复：比特币：点对点的电子现金支付

中本聪，星期六，2008年11月8日，13:38:26 UTC-8

雷·迪林杰：

这种"货币"的通胀率大约为35%，因为每年计算机速度会提高这么多……35% 的通胀率基本上是由技术发展的速度确定的。

硬件速度提高已经被处理了:"硬件运算速度不断提高,参与运算的节点数量也在不断地变化,为此,工作量证明的难度是由每小时产生区块数量的移动平均值决定。如果区块产生得太快,难度就会随之增加。"

随着计算机变得更快、用于生产比特币的总计算能力提高,为了保持新币总量的稳定,难度也会同比例地提高。因此,未来每年产生多少新比特币我们已经提前知道了。

新币产生的事实意味着货币的供应量会按计划增加,但这并不一定会导致通货膨胀。如果货币的供应量与使用它的人数增速相同,那么物价就会保持稳定。如果供应速度跟不上需求将会出现通货紧缩,早期货币的持有者就会发现自己手里的货币升值了。

数字货币必须以某种方式进行初次分配,而稳定的速率似乎是最好的公式。

中本聪

密码学邮件组

08

交 易

THE BOOK OF SATOSHI
THE COLLECTED WRITINGS OF
BITCOIN CREATOR SATOSHI NAKAMOTO

本章涉及好几个问题和答案。作为比特币交易的第一位接收者，哈尔·芬尼提出了问题。

中本聪在第一部分里解释了矿工如何保留交易直到形成区块。

中本聪在第二部分里解释了如何在区块链上避免双重消费，以及当两个矿工同时解出区块问题时哪条区块链会胜出。另外还介绍了接收方需要等待一小时，直到交易正式被确认进入了区块链。中本聪认为6个区块（每个区块10分钟，6个区块就是1小时）是适当的时间，让交易得以确认并成为区块链的永久部分。

在第三个问题中，中本聪描述了攻击者可能会"改写历史"，即重新构建并更改区块链。添加或删除以前区块中的交易需要重写的速度比现有区块链网络上工作的矿工快。请回忆前面关于孤块的讨论，网络采用的是最长的区块链。中本聪说：**CPU 驱动的工作量证明投票必须有最终发言权。让大家意见一致的唯一办法就是相信最长的链总是有效的。**

第四个问题涉及收款人转账的交易验证。

第五个问题涉及系统节点（即矿工）的作用。当一个矿工发现了工作量证明（前几位有合适数量0的哈希值），他就会把刚"挖到"的区块广播出去，其中包含一些交易。网络上收到该区块的每个矿工必须检查该区块中每笔交易的有效性。

最后,中本聪报告说为了证明所有问题都解决了,他在写《比特币白皮书》之前就已经把代码都写好了。

回复:比特币:点对点的电子现金支付

中本聪,星期日,2008 年 11 月 9 日,11:13:34 UTC+8

哈尔·芬尼写道:

> 有人提到如果有一笔交易没能广播到所有节点,并不存在任何问题,因为该交易很快就会进入区块链。如果"下一个"区块的创建者没有收到过这笔交易的通知,接下来的几个区块创建者同样也没接到那笔交易的通知,那会发生什么情况呢?所有接到通知的节点会不会一直保存这笔交易,直到其中一个幸运节点发现下次碰撞时将该交易合并到区块中去呢?

对,节点将交易保留在工作集中,直到进入区块。如果 90% 的节点包含这笔交易,那么每次发现一个新区块时,该交易就有 90% 的可能性存在于区块里。

> 再假如某节点保留了两条或更多条链,等待其中的一条胜出,这时 A 链中加入一个区块,如果其中包含了 B 链中同一枚比特币的双重消费那该怎么办呢?会不会检查这种情况?(如果某人双重消费,两组不同的节点分别收到同一枚比特币的两条不同交易,这种情况就会发生。)

这种情况无需检查。领先区块链分支中的交易会成为有效的交易，而另一个分支中的交易将是无效的。如果有人以这种方式重复消费，有且仅有一次消费永远有效，其他的均无效。

交易接收者通常要等1小时或更久，以便为解决这种可能性留有时间。

他们仍然可以立即再次花掉这笔比特币，但应该在采取实际行动之前等待，比如说发货。

我不太理解比所有诚实参与者聚集更多计算能力的超级攻击者到底是怎么做到双重消费或取消交易的。我明白他可以创建新区块并添加这些新区块来创建最长的链，但是他怎么能在链中删除或者添加旧的交易呢？当攻击者发出新区块时，诚实节点难道不做一致性检查以确保没有删除任何内容吗？攻击者是发动攻击还是仅仅使用其计算能力来诚实地铸造新币，对攻击的更多解释将有助于判断二者的收益。

攻击者不会向区块链的末尾添加区块。他必须回去重新计算其交易所在的区块、后续的所有区块以及同时网络不断添加到区块链末尾的新区块。他在改写历史。一旦他的分支变得更长，就变成了有效的区块链。

这里讨论了一个关键点。即使在场的每个人都可以看到其诡计得逞，也拿它没有办法。

永远相信最长的链为有效链绝对有必要。在场的节点也许还能记得原来的分支被另一个新分支所取代，但无法说服那些不在场

08 · 交易

的节点。不能出现有些节点跟随自己首先看到的分支,而其他节点跟随它们先看到的另一个分支,还有一些加入晚了的节点,根本就没见到发生了什么。工作量证明投票的计算能力必须有最终的发言权。无论如何,让大家取得一致的唯一方法就是相信最长链为有效链。

至于支付交易,比特币收款者必须做哪些检查?是否需要回溯该币的整个转让历史以确保过去每笔交易都确实链接在有"时间戳"的区块链上?还是只可以检查最后一笔?

收款方只需要在区块链上回溯一定的深度进行验证即可,通常只需要回溯 2 笔交易。再之前的所有交易都可以丢弃。

是否应该由时间戳节点来检查交易以确保比特币先前的交易存在于区块链上,从而实施以下的规则:区块链上的所有交易都代表有效的比特币呢?

的确如此。当节点收到区块时,它根据区块上的先前交易检查每笔交易的签名是否正确。区块可能仅包含依赖当前或先前区块的有效交易。例如,交易 C 可以依赖同区块中的交易 B,而 B 依赖于早先区块中的交易 A。

很不好意思问了这么多问题,但我认为这个想法似乎非常有前途和创新,我期待着能看到这个概念的进一步发展。如果能看到有关这个想法更为过程化的描述,包括各种对象(币、区块、交易)数据结构的具体细节、消息里包含的数据以及系统中发生的各种事件的程序算法的描述等会有所帮助。

您提到正在把该想法落地实施,但是在我看来对系统更正式的文字描将会是下一步更好的选择。

谢谢您的提问。我确实做了些本末倒置的事。在说服自己可以解决所有问题之前,我一定要先写下所有的代码,然后才写下这篇论文。我觉得自己能在写出详细的说明书之前发布代码。您对自己的疑问所做出的大部分假设都是正确的。

中本聪
密码学邮件组

09

孤块

THE BOOK OF SATOSHI
THE COLLECTED WRITINGS OF
BITCOIN CREATOR SATOSHI NAKAMOTO

当两个矿工几乎同时满足工作量证明时就会出现"孤块"。因为两位矿工所创建的区块不同,所以两个区块可能包含不同的比特币交易,在这种情况下,两个"中标"的矿工转到自己账户的交易费也不同。但这两个区块中只有一个最终会加入到区块链,而另一个将成为"孤块"。出现在孤块中但未包含在已被接受区块中的交易会包含在下一个矿工争夺中的区块里。有关详细信息,请参见第 2 章关于孤块的说明。

回复:比特币:点对点的电子现金支付

中本聪,星期日,2008 年 11 月 9 日,11:17:24 UTC-8

> 詹姆斯·A. 唐纳德写道:
>
>> 如此说来,假设一个节点在它的工作量证明中包含了一组交易,这些交易都是诚实合法的一次性花销(对比之前的),而另一个节点在它的工作量证明中包含了不同的一组交易,交易也都是诚实合法的一次性花销,并且两个工作量证明都是在同一时间生成的。

接下来会发生什么呢?

两个矿工都会广播自己的区块。所有的节点都收到区块并保留二者,但只会在先收到的区块上接着工作。假设恰好一半节点先收到其中一个区块,而另一半先收到另一个区块。

短时间内所有交易都会完成传播,结果每个节点都拥有了完整的交易集。接着,两个区块节点会试图把本区块所属链上缺失的交易添加进来。当发现下一个工作量证明时,无论节点在哪个区块上工作,所在的分支都会变长,从而打破僵局。无论在哪一方,新区块都会包含另一半的交易,因此在任何一种情况下,分支都将包含所有的交易。甚至在不太可能发生的连续两次分叉的情况下,第二次分叉的双方也会包含完整的交易集。

即使交易需要等待一个或多个额外的周期才进入区块都不会成为问题。

中本聪
密码学邮件组

10

交易同步

中本聪在本章中解释了如何处理当一位矿工收到了两条冲突交易的问题。矿工会把收到的第一笔交易包含在下一个工作量证明中。如果想了解需要更多的信息，请参阅第 2 章。

回复：比特币：点对点的电子现金支付

中本聪，星期日，2008 年 11 月 9 日，11:14:17 UTC-8

詹姆斯·A. 唐纳德写道：

核心问题是许多实体都持有完整和一致的信息，那么谁拥有哪些比特币？

但是保持一致性很麻烦。当有人将一笔交易报告给一个维护者，而另一个人将另一笔交易发给另一个维护者时，我不太清楚会发生什么。在交易被合并到包含所有过往交易的全局共享视图之前，没人知道该交易是否有效。而且没人知道全局共享视图是否真的是全局共享，直到一段时间之后许多新交易加入进来才能确定。

您解释过如何处理这个问题了吗？还是说您确信这事能办到，只是细节上有点模糊？后面这个念头只是在我脑子里一闪而过。

工作量证明链是解决同步问题的办法，也是在不必所有人都可信的情况下就可以确信全局共享视图的方法。

　　交易信息会快速传播至整个网络，因此如果同一笔交易的两个版本几乎同时发出，先发出去的那条就有很大优势首先抵达更多的节点。节点只会接纳先到达的第一条，而拒绝后到达的第二条，因此发出较早的交易会有较多的节点致力于将其包含在下一个工作量证明中。实际上，每个节点通过把交易包含在自己的工作量证明成果中，就是在为自己首先看到的交易投赞成票。

　　如果交易确实在同一时间到达，并且正好还出现了一个分叉，那就只好依据谁有运气先完成工作量证明来决定哪条有效了。

　　当节点找到工作量证明，新的区块传播至全网，所有节点都将其加入区块链并开始在此区块后寻找下一个区块。任何拥有其他交易的节点都会放弃将该笔交易包含在自己的区块，因为根据刚刚收到的新区块，这笔交易已经无效了。

　　工作量证明链本身就是它来自于全局共享视图的证据。只有网络的大多数节点配合才可能有足够的计算能力产生如此困难的工作量证明链。任何用户在收到工作量证明链的时候都能看到网络的大多数节点到底批准了什么。交易一旦完成哈希值计算加入到了区块链，并在其后有了几条新交易加持，它就牢牢地刻在了全球区块链的历史上。

中本聪
密码学邮件组

11

交 易 費

THE BOOK OF SATOSHI
THE COLLECTED WRITINGS OF
BITCOIN CREATOR SATOSHI NAKAMOTO

本章将讨论利用交易费取代铸币税作为支付矿工挖矿的手段。铸币税在比特币网络中是个经济学术语，用于描述新增货币单位的产生。当所有2100万枚比特币都产生了之后，矿工维护比特币系统的工作激励将只限于维护比特币系统过程中所收取的交易手续处理费。然而在此之前，比特币每年的通货膨胀率实际上最后会与比特币完全开采完之后一样低。

回复：比特币：点对点的电子现金支付

中本聪，星期一，2008年11月10日，11:09:26 UTC-8

詹姆斯·A. 唐纳德写道：

补充一下，这根本行不通，因为根据系统的设计，追踪比特币所有权的工作是由铸币税所支付的，而这必然会导致通货膨胀。

如果通货膨胀问题让您觉得困扰，那很简单，我们可以用交易费来替代。简单地说，让每笔交易的输出值比输入值少1分钱。要么客户端软件自动把交易金额相对预期付款额调高1分，要么从收款人处收取。当节点发现区块的工作量证明时，奖金是区块中所有交易费的总和。

中本聪

密码学邮件组

12

交易确认以及区块时间

THE BOOK OF SATOSHI
THE COLLECTED WRITINGS OF
BITCOIN CREATOR SATOSHI NAKAMOTO

在下面第一个答案中,中本聪回答了双重消费和确认的问题。

在第二个答案中,中本聪介绍了如何根据区块之间的有效时间间隔来调整工作量证明的难度,从而把区块的间隔时间维持在 10 分钟。第 2 章关于工作量证明的讨论将此类比为彩票。选择一个十六进制的最大数,矿工进行工作量证明就是生成一个小于该值的数字。该数字由比特币系统随机产生。第一位得到小于该最大数哈希值的矿工赢得处理新区块的权利,并获得该区块内的交易费以及 25 枚比特币的奖励。最大数的值由工作量证明的难度级别决定;数值越大,矿工产生的哈希值低于最大数的可能性越高,数值越小,矿工产生的哈希值低于最大数的可能性越低。

最后回答的是关于系统交易速度的问题。中本聪认为处理空头支票和信用卡退款需要几天甚至几周的时间,相比之下,比特币系统用 60 分钟左右就能完成不可逆转的比特币交易高可信验证。

回复:比特币:点对点的电子现金支付

中本聪,星期二,2008 年 11 月 11 日,06:30:22 UTC-8

詹姆斯·A. 唐纳德写道:

输掉比赛的那些比特币应该怎么办呢?

尽管有点残酷,但是第二个完成的家伙恐怕无法得到比特币了。

12 · 交易确认以及区块时间

当同一笔交易发生多次双重消费时,有且只有一笔交易有效。

收款方在确定交易有效前必须等一小时左右。网络届时将解决任何可能的双重消费问题。

首先,收到无效双重消费的收款方从没想过会经历这种情况。他的软件会将交易状态从"未确认"变为"无效"。如果有必要,软件界面可以把交易隐藏起来,直到交易在区块链中的位置足够深为止。

此外,您对事件的描述隐含着对时间和币生成的限制,整个网络铸币的速度比新币产生的消息通知到全网的速度要慢。

很抱歉,如果我没有表述清楚。区块之间的预定时间很可能会是 10 分钟。

每个区块都包含它的创建时间。如果时间超过 36 小时,其他节点不会在这块区块上工作。如果过去的 6×24×30 个区块跨越的时间不到 15 天,那么区块就产生太快了,于是系统把工作量证明的难度增加一倍。每个节点都以同样的区块链数据做同样的计算,因此它们在区块链的同一个链上会得出相同的结果。

我们希望消费者能在交易发往全网时就确信交易的有效性,而不是耗时解决分支竞赛后才确认。

系统无法做到即时的不可抵赖性,但仍比现有系统要快得多。纸质支票的交易可能在一两周后被拒付。信用卡的交易可能在 60 到 180 天后被驳回。而比特币的交易可以在一两个小时内完成不

可逆转。

如果节点忽略不关注的所有花销,它也不会受到任何惩罚。

有了最近发布的基于交易费的激励机制,节点将会有动力处理它们所收到的所有支付交易。

中本聪
密码学邮件组

13

拜占庭将军问题

THE BOOK OF SATOSHI
THE COLLECTED WRITINGS OF
BITCOIN CREATOR SATOSHI NAKAMOTO

区块链启示录
THE BOOK OF SATOSHI

本章介绍一个中本聪发表的可能最有意思的帖子，他解释了区块链如何解决在计算机科学中被称为"拜占庭容错"的问题，这是比"两将军问题"更广义的版本。问题中，两个或更多人需要在不可靠的通信环境中共享信息，为共享信息而发送的消息可能丢失或被篡改。这个问题的陈述首次出现在20世纪70年代的网络计算机文献中，那时该问题无解。中本聪在这篇文章中声称比特币解决了这个问题。

为了说明这个问题，假设两个将军计划同时进攻一个城市。如果只有一方进攻，攻城部队将被城防部队消灭。因为传递何时发起进攻消息的信使必须要经过城市，他可能被拦截，所以将军之间的通信不可靠。第一个将军可能在上午9点派出信使通知攻击将在当天开始。然而，信使一旦派出，将军就无法知道他是否穿过了城市。这种不确定性导致第一个将军犹豫不决，因为如果第二个将军没有收到他的消息，他就有可能会只身犯险。

鉴于此，第二个将军就要向第一个将军发送确认消息，表明自己收到了攻击消息。但是这个消息也可能被拦截，导致第二个将军也犹豫不决。第一个将军可以发出确认收到消息的确认信，但还是可能被敌人拦截。因此，第一个将军可能再次犹豫，除非他得到对方确认收到他发出的第一个消息的确认信。这个过程可以循环，任何一个将军都无法知道消息是否已发出，或者是否已经被敌人截获。

要了解更多信息，请阅读下面维基百科文章中的"问题说明"一节：

http://en.wikipedia.org/wiki/Two_Generals%27_Problem

也可以参阅这篇关于拜占庭容错的文章：

http://en.wikipedia.org/wiki/Byzantine_fault_tolerance

回复：比特币：点对点的电子现金支付

中本聪，星期四，2008 年 11 月 13 日，19:34:25 UTC-8

詹姆斯·A.唐纳德写道：

> 每个人都知道 X 是不够的。我们还需要每个人都确认自己知道 X，而且每个人都确信知道每个人都确信知道 X，就像拜占庭将军问题一样，这是分布式数据处理的经典难题。

工作量证明链是解决拜占庭将军问题的方法。我试着在那种语境下复述如下。

一些拜占庭将军每人拥有一台电脑，他们想暴力破解密码来攻击国王的 wifi，他们知道密码是一定长度的字符串。一旦网络开始生成数据包，就必须在有限的时间内破解密码，攻入并清除日志，否则就会被发现并陷入困境。只有在大多数人同时攻击的情况下他们才能获得足够的计算能力来快速破解。

他们并不特别在意进攻何时发动，只要达成一致就可以。事先已定好任何人认为时机到了都会宣布一个时间，而不论何时，听到的第一个时间就是正式的进攻时间。问题在于网络传递并非瞬时,如果两个将军几乎同时宣告不同的进攻时间,有些人可能会先听到一个,而其他的人先听到另一个。

将军们用工作量证明链来解决该问题。各个将军一旦听到首次的攻击时间,他就会让电脑开始解决一个极其困难的工作量证明问题,其哈希数据中包含了进攻时间。工作量证明非常困难,在其中一人发现问题答案之前,预计所有人要一起工作10分钟。一旦一个将军发现了工作量证明答案,他就会在网络上广播,而收到消息的每个人会改变当前的工作量证明计算工作,并将该工作量证明包含到他们正在工作的哈希数据中。如果有人还在为另一个不同的进攻时间做准备,此时就会切换到这个新的时间,因为它的工作量证明链现在更长。

两小时后,一条有12个工作量证明的链通过哈希计算得出攻击时间。每个将军只要验证工作量证明链的难度,就能估算出每小时需要耗费多少并行的算力,而且知道必须要大多数计算机在规定的时间内工作才能产生那么多的工作量证明。他们必须都能看到该链,因为工作量证明是他们行动的证据。如果工作量证明链展示出的计算能力足以破解密码,将军们就能在约定的时间安全地发起进攻。

工作量证明链就是您问到的同步、分布式数据库以及全局视图问题的解决方案。

中本聪

密码学邮件组

14

关于区块时间、自动化测试和自由论者的观点

THE BOOK OF SATOSHI
THE COLLECTED WRITINGS OF
BITCOIN CREATOR SATOSHI NAKAMOTO

在本章中，中本聪解释了为什么必须要有单一的未决交易池，并且在并行的区块分支存在下如何维持这些交易。他引用了代码中的一些函数。回顾第 2 章中关于工作量证明的讨论。并非所有矿工都能收集到同一批交易，部分交易可能来得太迟，没有包含在处理的区块中。当新交易到达而矿工还在计算当前区块的哈希值时，就会暂时把交易存储在交易池中。

然后，他再次谈到交易传播以及创建区块所指定的 10 分钟间隔，讨论了这个时间间隔是否太短。

最后，他引用了比特币对那些崇尚个人自由的自由主义者的吸引力。

回复：比特币：点对点的电子现金支付

中本聪，星期五，2008 年 11 月 14 日，14:29:22 UTC-8

哈尔·芬尼写道：

> 我认为节点有必要为每条候选链维持一个独立的未决交易列表。
>
> 有人也许会问……一个节点必须平均同时跟踪多少条候选链？

还好，只需要为当前最好的分支保留一个未决交易池。当新区块进入最好的分支时，ConnectBlock 函数从 pending-tx 池移除该区块的交易。如果另一个分支变得更长，就会调用主分支的

DisconnectBlock 函数转移主分支，而将主分支区块中的交易恢复到 pending-tx 池，并调用新分支的 ConnectBlock 函数，把同时存在于两个分支的所有交易移出来。预计这样的重组会比较罕见，并且较浅。

这样优化后，候选分支就不会成为真正的负担。这些分支只需要存在硬盘上，并不需要给予特别的关注，除非它们变成了主链。

或像詹姆斯早些时候提出的那样，如果网络广播可靠，但却依赖于可能很慢的洪算法，那会对性能产生什么样的影响呢？

广播极有可能差不多完全可靠。现在的 TCP 传输很少丢包，而且广播协议也有重试机制，一段时间后再从其他的节点获得数据。如果在实践中广播速度比预期的慢，可能就需要增加区块间的预定时间以避免浪费资源。我们希望在通常情况下区块传播的时间远小于生成的时间，否则节点会花费太多时间处理废弃的区块。

我计划运行一套自动化测试，在计算机之间相互随机发送支付，并且随机丢包。

3. 比特币系统显示出对社会的作用和价值，因此节点运营者认为他们正在通过自己的努力为世界做出有益的贡献（类似于各种"@Home"计算项目，参加者出于良好意愿自愿提供他们的计算资源）。

因此在我看来简单的利他主义就足以使网络可以正常运行。

如果解释得当，会对自由主义者非常有吸引力。尽管我更擅长编码而非言辞。

中本聪

密码学邮件组

15

再论双重消费、工作量证明和交易费

15 · 再论双重消费、工作量证明和交易费

中本聪在这次讨论中做了一些澄清，并阐明了在比特币全部开采完后，矿工（即节点）通过交易费获得补偿的问题。

回复：比特币：点对点的电子现金支付

中本聪，星期一，2008 年 11 月 17 日，09:04:47 UTC-8

我会尽快发布源代码，为澄清所有这些实现中的细节问题提供参考。

> 雷·迪林杰（Bear）写道：
>> 当使用比特币时，买家和卖家对交易记录进行数字签名（盲签）。

只有买家签名，而且不存在盲签。

>> 如果有人双重消费，那么交易记录可以去盲以揭露骗子的身份。

没有用到身份，也不依赖追索。这些都是障碍。

>> 这是通过相当标准的分割选择算法完成的，其中买家以秘密份额来应对多重挑战。

不存在挑战，也不存在秘密份额。基本交易就是您在第 2 节⊖

⊖ 此处是指中本聪发表的论文的第 2 节，可见本书附录 A.2 节。——编辑注

的图中所看到的内容。签名符合上次交易的公钥签名，而且也符合下次使用时卖家的新公钥。

他们也可能收到与自己试图延展的链同样长的其他链，这些链中最后的几个区块与他们正在处理的区块不同。

他们会忽略这些。

是的，如果长度相等，就保留最早的那条以打破僵局。

如果其中包含了双重消费的交易，那么他们就创建一条"交易"作为双重消费的证据，并将其添加到A池，对外广播，然后继续工作。

没必要像那样来报告"双重消费的证据"。如果同一条链中包含了双重消费的交易，那么该区块将失效且被拒绝。

同样，如果区块没有满足工作量证明，那么该区块也将失效且被拒绝。没有必要传阅关于此事的报告。每个节点在转发它之前都能看到这点并且拒绝它。

如果有两条竞争的链，每条包含同一笔交易的不同版本，其中一个版本将钱付给了一个人而另一个版本将同一笔钱付给了另一个人，判定究竟哪笔交易有效的方法是整个工作量证明链需要做的事。

我们并没有只盯着双重消费拉警报、抓骗子，只是判断哪笔交易有效。交易接收者必须要等待几个区块，才能确保有足够的时间来完成判断。骗子们可以随心所欲地尝试多次用掉同一笔钱，而他们所能得到的只是几个区块内的一笔有效交易，而其他的几笔全都无效。再过一段时间，一旦主链上有了一笔钱的花销，针

15 · 再论双重消费、工作量证明和交易费

对这笔钱的新花销会立即被拒绝。

即使一笔早期支付还没有进入区块链,如果这笔交易已经存在于所有节点的交易池,那么这笔钱的第二次支付也会被所有已经包含第一笔支付的节点所拒绝。

如果新的区块链被接纳,然后停止添加当前链接的区块,把所有交易从 L 池移到 A 池(也包括自工作开始后收到或创建的交易),从 A 池中清除新链所包含的交易记录,然后重新开始工作尝试延长新链。

是的。每当新交易进来时就刷新,所以 L 池基本上总是包含 A 池中的所有交易。

用 CPU 密集型的数字签名算法来为包含新区块 L 的链签名。

工作量证明是用类似于 Hashcash 的 SHA-256(前面由一些 0 构成),而不是签名。

是否有机制确保区块链不是仅由 3 或 4 个最快的节点加入链接?一次交易记录广播很容易错过那 3 或 4 个节点,一旦出现这种情况,而且这 3 或 4 个节点继续控制着区块链,那么该笔交易就再无可能加入区块链了。

如果您将此当成 CPU 密集型的数字签名,可能把它想象成一场耗时运算的争先赛,最快的总是赢得比赛。

工作量证明是类似于 Hashcash 的 SHA-256 碰撞搜寻。这是一个不需要内存的处理过程,每秒可以执行数百万次的哈希计算,

每次计算只有很小的机会找到结果。那 3 或 4 个最快节点的优势只与它们在整体计算能力中所占份额成正比。任何节点在任何时候找到解决方案的机会都与它们的计算能力成比例。

因为有交易费作为奖赏,所以节点才会有动力接收和收录尽可能多的交易。当创造出的比特币总量达到预定上限时,节点最终将仅靠交易费作为补偿。

另外,添加链接到区块链上所需要完成的工作应该随着上周加入到区块链的链接数量而成倍地变化,从而导致比特币的币生成率(并因此造成通货膨胀)得到严格控制。

是的。

需要比特币叠加来获得好的伸展性。这需要是一个"可证明的"交易,例如有人可以废弃 10 个单币然后创建一个面值为 10 的新币等。

每笔交易都可以这么做。见第 9 节[⊖]。

中本聪
密码学邮件组

[⊖] 此处是指中本聪发表的论文的第 9 节,可见本书附录 A.9 节。——编辑注

16

椭圆曲线密码、拒绝服务攻击及交易确认

THE BOOK OF SATOSHI
THE COLLECTED WRITINGS OF
BITCOIN CREATOR SATOSHI NAKAMOTO

中本聪在本章中介绍了交易签名,讨论了拒绝服务攻击,最后再次谈到了交易速度。消费者用手机完成交易后,商家可以等待2分钟。然后商家(或者商家选择的比特币支付服务公司)可以在比特币网络上密切注视交易的双重消费情况。假设消费者进行了一次交易X,交易中消费者从有2枚比特币的地址ABC中支付了1.5枚比特币。支付被完全确认后,该消费者账户的余额将会降到0.5枚比特币。这里要讨论的是商家所必须采取的行动,目的是为了监控网络中是否有涉及地址ABC的交易,如果有,其交易额是否超过0.5枚比特币?如果在2分钟内,监测到符合该条件的交易,则判定本次交易无效。2分钟的等待期为交易X带来了足够的提前量,以确定在本交易之后任何从比特币地址ABC后来发出的竞争交易。这告诉商家交易X很可能被收录在当前大部分矿工从事工作的区块里,因此可以确保它最终包含在区块链中。

回复:比特币:点对点的电子现金支付

中本聪,星期一,2008年11月17日,09:06:02 UTC-8

雷·迪林杰写道:

一种方法是让收到比特币的人生成非对称密钥(公钥和私钥),然后将公钥随交易发布。为了以后可以支付这笔钱,必须证明自己拥有非对称密钥的私钥,很可能是用它来为新卖家提供的密钥签名。

对！这就是（椭圆曲线密码，Elliptic Curve Cryptography，ECC）数字签名。每笔交易都使用一对新的密钥。

从身份识别意义上看它不是假名，但在下一次支付时能被识别出是该比特币的主人，所以还是有点假名的意思。

嗯。我不知道答案是否满意。您的意思是识别和排除不合作的节点没有意义？我怀疑这会带来麻烦和可能的拒绝服务攻击。

不依赖于对任何人的识别。正如您所说的那样，根本就没用，而且能被马甲轻易打败。

确定某人真实身份的凭证是提供算力的能力。

直到什么呢？怎么知道交易状态在什么时候变为不可更改？几个区块以后指的是多少个区块？3个？30个？还是100个？取决于节点数量吗？与节点数呈对数还是线性关系？

第 11 节[⊖]计算了在遭受攻击下的最坏情况。攻击 5 到 10 个区块一般就够了。如果卖出的东西不值得发起网络规模的攻击来窃取，实践中可以少一些。

但在缺乏身份识别的情况下，如果双重消费的买家收到了购买的商品（网站访问、下载文件等），同时另一笔支付被判定为无效，那么这对买家并没有什么惩罚。商人们手里攥着"无效的"比特币，除非在确认付款人确实已付款之前，他们等待"几个神奇的区块"的出现。（他们怎么会知道要等几个？）

⊖ 此处是指中本聪发表的论文的第 11 节，可见本书附录 A.11 节。——编辑注

消费者如果在支付后要等1个小时才允许使用自己购买的产品，那消费者肯定不干。如果商家知道因为顾客双重消费造成收到的比特币无效却无法追回，那商家也不会干的。

这是下一个版本要解决的问题，我相信大部分应用的问题都能得到相当满意的解决。

需要竞争的是交易在网络上的传播速度。想想6个自由度的指数型扩散。只需要大约2分钟交易就能充分传播，起步较晚的竞争者在第一个交易传播到全网之前只有极小的机会抢占较多节点。

在这2分钟时间内，商家节点可以监控双重消费的情况。双重消费者不能绕开商家将替代交易传播到全世界，所以不得不等到2分钟后。

如果真实交易到达了90%节点而双重消费到达10%的其他节点，双重消费者就只有10%的机会不付钱，90%的机会付钱。几乎所有类型的商品都不值得骗子这么做。

像网站访问或下载这样的信息类商品则没有防御力。没人能靠偷取网站访问权或下载来谋生。这些东西在文件分享网络也能偷到。大多数即时访问产品都不会引起巨大的偷盗动机。

如果商家真的担心偷窃问题，可以让顾客等2分钟或者等电子邮件中的信息，很多人已经在这么做了。如果商家还想做得更好，而且商品是一个大的下载文件，就可以在发现双重消费时中途取消下载。如果商品是网站访问权，一般来说让用户访问5分钟，然后拒绝访问也不是什么大问题。很多这类网站反正都有免费试用期。

中本聪

密码学邮件组

17

再论交易池、网络广播以及编码细节

THE BOOK OF SATOSHI
THE COLLECTED WRITINGS OF
BITCOIN CREATOR SATOSHI NAKAMOTO

中本聪在本章延伸讨论了交易池。然后介绍了网络广播机制实验，其中节点从相邻节点处请求交易数据。中本聪最后提到这些代码已经写了 18 个月了。

回复：比特币：点对点的电子现金支付

中本聪，星期一，2008 年 11 月 17 日，13:33:04 UTC-8

> 詹姆斯·A.唐纳德写道：
>> 中本聪写道：
>>> 还好，我们只需要为当前最好的分支保留一个未决交易池。
>>
>> 这需要我们了解一个诚实且行为良好的交易方（其通信和数据存储都正常的节点），知道当前最好的分支是什么。
>
> 我的意思是一个节点只需要它所拥有的最好的分支的未决交易池。就是当前它认为最好的那个分支。也就是它想要创建区块的那个分支，这就是需要交易池的那个。
>
>> 广播极有可能差不多完全可靠。
>
> 我们必须建立一种机制，即使消息频繁无法到达，信息也能送到，而不是假设每条消息至少会到达一次。
>
> 我想我已经论述过了点对点的网络广播机制。

每个节点向其邻节点发送新区块的哈希值清单及区块所内含的交易。邻节点向该节点发送缺失交易的请求。如果超过一段时间后仍然没有收到请求的数据，它们就会向另一个拥有该交易数据的其他邻节点发送请求。由于所有或大部分邻节点最终都应该有所有的交易数据，即使通信时丢失了一条，它们也还能从其他邻节点获得，每次试着问一个邻居。

请求库存数据的方案引入了一点延迟，但最终通过从传输队列中剥离多余的数据块节省带宽加快了传输速度。

您已经有了设计方案的大纲和提议，向前迈出了一大步，但是还是要注意小细节。

确实有很多细节，我相信在过去一年半多的编码工作中，已经实现了所有的具体细节。虽然我并没有在论文中介绍功能的细节，但是源代码很快就要完成了。现在我把主要的文件发送给您（当前可以通过申请获取，完整版即将完成）。

中本聪

密码学邮件组

18

首次发行比特币

THE BOOK OF SATOSHI
THE COLLECTED WRITINGS OF
BITCOIN CREATOR SATOSHI NAKAMOTO

中本聪在本章公布了在 sourceforge.net 上比特币软件的第一个版本。sourceforge.net 像 GitHub 或其他在线服务一样，允许共享文档以及源代码。原来发布的版本现在已经不在 sourceforge.net 上了，被复制到了下列地址：

http://www.zorinaq.com/pub/bitcoin-0.1.0.rar

http://www.zorinaq.com/pub/bitcoin-0.1.0.tgz

http://we.lovebitco.in/bitcoin-0.1.0.rar

该软件是开源的，意味着源代码可用，版权可以免费使用、复制和修改。

比特币 0.1 版发布

中本聪，星期五，2009 年 1 月 9 日，17:05:49 UTC-8

在此宣布比特币的首次发行，这是一种全新的使用点对点网络、防止双重消费的电子现金系统。系统完全为分布式，没有服务器或中心机构。

请前往 bitcoin.org 查看截图。

下载链接：

http://downloads.sourceforge.net/bitcoin/bitcoin-0.1.0.rar
目前仅用于 Windows 平台。已包括 C++ 的开放源代码。

▲ 解压文件到一个目录。

▲ 运行 BITCOIN.EXE。

▲ 它将自动链接到区块链的其他节点上。

保持节点运行并接收外来的连接，你就会为比特币网络提供帮助。需要打开防火墙的 8333 端口以接收来访的连接。

本软件仍然处于 alpha 测试阶段。尽管我已经在可扩展性和版本管理方面竭尽所能，不保证系统状态在某个时刻不会重新启动以应对一些必要的情况。

可以让别人打给您些比特币，也可以打开 Options->Generate Coins 选项运行一个节点并产生区块来获得比特币。我把初始的工作量证明难度调得非常低，所以在比特币的早期阶段普通的个人电脑就能在几个小时内生成比特币。当竞争使铸币难度自动调升时就困难多了。生成的比特币必须要等 120 个区块出现后才可用于支付。

有两种汇款方式。如果接收人在线，可以输入对方的 IP 地址，连接后会取得一个新的公钥，然后发送带有备注的交易。如果接收人不在线，则可以发送至对方的比特币地址，也就是对方提供的公钥哈希值。接收人会在下次上网时收到这笔交易并获得交易所在的区块。这种汇款方法的缺点是没有发送备注信息，而且如果多次使用这个地址还将会丧失一定的私密性，但在双方不能同时在线或收款方无法接收连接的情况下，这不失为一种有效的替代方案。

比特币的总流通量将达到 2100 万枚。比特币将被分发给产生区块的网络节点，分发的数量每 4 年减半。

第一个 4 年：1050 万枚

第二个 4 年：525 万枚

第三个 4 年：262.5 万枚

第四个 4 年：131.25 万枚

以此类推……

在所有的比特币都发完后，如果需要，可以通过收取交易费来支持系统的持续发展。这是建立在公开市场竞争的基础上的，而且可能总会有愿意免费处理交易的节点。

中本聪

19

比特币首次使用的可能场景

THE BOOK OF SATOSHI
THE COLLECTED WRITINGS OF
BITCOIN CREATOR SATOSHI NAKAMOTO

从本章中可以推测出中本聪根本没料到比特币会这么快取得如此巨大的成功。他提到比特币首次使用的场景可能会是小额支付。中本聪还建议由名人率先使用，这样粉丝们就可以给他们发送私人信息。

他也说道，"也许应该留些比特币在手里，万一火起来了呢。"估计他自己就这么做了。比起第一年价值几分钱，2014年年初一枚比特币的价值已经超过600美元。

回复：比特币0.1版发布

中本聪，星期六，2009年1月17日，06:58:44 UTC-8

> 达斯汀·特拉梅尔写道
>
>> 中本聪写道：
>>
>> 我觉得更多人对90年代基于可信第三方的系统（数字现金等）感兴趣，但是经历了十多年的失败，人们都认为这事儿注定成不了。我希望大家能区别对待，比特币是我所知的不基于信任系统的第一次尝试。
>
> 正是不基于信任这个主要特点引起了我的注意。真正的难点在于让人们看重比特币的价值，从而使其成为货币。

如果十年后电子货币还没有普及，我会感觉很奇怪。现在我们知道比特币这种方法，说不定可以在可信第三方退缩的时候坚持下来。

可以在小的细分市场里先用起来，比如积分奖励、捐赠卡、游戏币等。最开始可以用在那些几乎免费服务的工作量证明应用上。

比特币已经可以用于发送付费电子邮件了。发送框的大小可以调整，可以输入任意长的消息。当它连接到网络时直接就发送出去了。收件人双击交易查看完整消息。如果有名人收到的邮件多得看不过来，但是还是希望粉丝们有一种方式可以联系他们，就可以安装比特币系统并在网站上公开 IP 地址。"发送 X 枚比特币到这个 IP 的 VIP 热线，我会亲自阅读您的消息。"

还有订阅网站为避免免费试用影响到付费订阅，只需要增加一些额外的工作量证明，就可以对免费试用者收取比特币。

也许应该留些比特币在手里，万一火起来了呢。如果这么想的人多了，预言就会自我实现。一旦启动就会出现很多应用，像在自动售卖机投币那样轻松地在网站上支付几分钱。

中本聪

http://www.bitcoin.org

这个话题后来在 BitcoinTalk 论坛上又被提了出来。

回复：隐私

中本聪，2010 年 9 月 23 日，下午 05:56:55

  比特币对于没有信用卡或者不想在网上用信用卡的人很方便，他们要么不想让配偶看到账单，要么不想把卡号留给网站，要么害怕被人重复刷卡。

20

工作量证明和垃圾邮件发送者

这是中本聪与密码领域的知名开发者哈尔·芬尼之间的一段有趣对话，中本聪主要讨论如何把比特币的 POW（工作量证明）应用于限制垃圾邮件或奖励垃圾邮件的收件人。哈尔·芬尼被认为是首个"可复用 POW 系统"的创造者，该系统是比特币 POW 的变种，不理解这些并不影响读者理解本章的主题。哈尔·芬尼也是由中本聪亲自发送的第一枚比特币的接收人。

回复：比特币 0.1 版发布

中本聪，星期日，2009 年 1 月 25 日，08:34:34 UTC-8

哈尔·芬尼写道：

> * 垃圾邮件僵尸网络可以很容易瘫痪付费发送电子邮件的过滤系统。

如果 POW 令牌有用，特别是能变现，机器就不会再闲置。用户会指望他们的计算机赚钱。计算机的收益被僵尸网络盗取的情况就会比现在更令人关注，用户因此会更努力地维护计算机，并且清理计算机以免受僵尸网络的感染。

另一个减少垃圾邮件的办法是赋予 POW 令牌价值：人们会为了赚钱开设大量的虚假邮件账号以收割垃圾邮件中的 POW 令牌。以其人之道还治其人之身，他们用自动邮箱来收集 POW 但并不阅读消息。假邮箱与真人的比例会高到让垃圾邮件无利可图。

该过程首先有潜力形成 POW 令牌的价值，那些没有僵尸网络的垃圾邮件发送者可以从收割者那里购买令牌。尽管这种买卖暂时会产生更多的垃圾邮件，但太多收割者压榨垃圾邮件发送者只会加速自我毁灭的进程。

有趣的是，电子黄金系统已经有了一种叫"除尘"的垃圾广告形态。水军要交少量金粉才能把垃圾消息发到交易评论区。系统允许用户设置愿意接收垃圾消息的最低补偿金额。

中本聪
密码学邮件组

21

在P2P基金会上发布比特币

THE BOOK OF SATOSHI
THE COLLECTED WRITINGS OF BITCOIN CREATOR SATOSHI NAKAMOTO

中本聪在 p2pfoundation.ning.com 上公布了比特币 0.1 版。这是另一个涉及点对点技术的论坛。他没有从密码学邮件组的原文直接摘抄过来，而是发布了一篇稍有不同的公告。

比特币发布 P2P 货币源代码

中本聪，2009 年 2 月 11 日，22:27

我开发了一套叫比特币的新开源 P2P 电子现金系统。它是完全分布式的，没有中央服务器或可信方，一切都基于加密保护而非信任。来试一下或者看看截图和设计论文：

从 http://www.bitcoin.org 下载比特币 0.1 版

传统货币的根本问题在于其运行机制所需的那些信任。必须信任中央银行不会让货币贬值，但是法定货币的历史充满了对这种信任的破坏。必须信任银行，让它们保管我们的钱并用电子方式进行转账，但是它们一次次在信贷泡沫中放贷，只保留很小一部分准备金。我们必须把隐私托付给它们，信任它们不会让身份盗贼吸干我们的账户。它们巨大的运营管理成本使小额支付变得毫无希望。

上一代的多用户分时计算机系统也存在着类似的问题。在采用强加密以前，用户必须依赖密码保护来确保文件的安全性，信任系统管理员，由他们来保护信息私密性。管理员衡量隐私原则和其他问题的考虑或者来自于管理员上级的命令总是凌驾于隐私之上。当强加密出现在大众面前时，就不再需要信任了。数据以其他人在物理上无法访问的方式保证安全，不管什么原因、无论借口有多好，说什么也没用。

是时候把该技术应用到货币上了。如果有了基于密码保护的电子货币，没有必要信任第三方的中间人，就可以确保货币安全并轻松地进行交易了。

这套系统的基本组成部分是数字签名。数字货币包含币所有者的公钥。在转让时，币的所有者对数字货币以及下一位所有者的公钥一起签名。任何人都能检查该签名以验证所有权链。这可以很好地保护所有权，但却留下了一个尚未解决的大问题：双重消费。任何所有者都可以尝试对已经支付过的数字货币再次签名并然后再进行另外一次支付。通常的办法是让拥有中央数据库的可信公司检查双重消费情况，但是那又回到了信任模型。在中心位置的公司可以凌驾于用户之上，而且支撑这些公司需要庞大的费用使得小额支付无法实际执行。

比特币方案是用点对点网络来检查双重消费。简而言之，该网络就像分布式时间戳服务器，对支付数字货币的首次交易盖戳。这利用了信息易于传播但难以封锁的本质。要了解详细的工作机制，请参阅 http://www.bitcoin.org/bitcoin.pdf 中的设计论文。

其结果是建立没有单点故障的分布式系统。用户保管自己币的加密私钥，并与他人直接交易，在 P2P 网络的帮助下检查双重消费。

中本聪

http://www.bitcoin.org

22

分布式是成功的关键

THE BOOK OF SATOSHI
THE COLLECTED WRITINGS OF
BITCOIN CREATOR SATOSHI NAKAMOTO

中本聪在本章谈到了作为成功关键的分布式货币的重要性。如前所述，政府控制货币供应的能力为赤字性支出提供了简单的金融手段。到目前为止，任何中央控制的电子货币都因各种原因被政府取缔。典型的原因包括方便洗钱或购买毒品，即使美元是这些金融活动的主要选择。

回复：比特币发布 P2P 货币源代码

中本聪，2009年2月15日，16:42

> 赛普·哈索伯格写道：
>
>> 比特币与这个项目有协同效应吗？
>> http://opencoin.org/

可能有吧。他们在讨论乔姆中央造币厂的那些旧东西，但也许只是因为那是唯一可用的。也许他们会有兴趣换个新方向。

很多人认为电子货币注定失败而自动排斥，这是因为20世纪90年代以来所有在这方面努力的公司都失败了。很明显正是这些系统由中央控制的本质注定了它们的失败。我认为比特币是我们第一次尝试分布式且不需要信任基础的系统。

23

货币供应

THE BOOK OF SATOSHI
THE COLLECTED WRITINGS OF
BITCOIN CREATOR SATOSHI NAKAMOTO

中本聪在本章中解释了他的基本想法并进而谈到货币供应所面对的人口增长问题。然后他将比特币与贵金属进行了比较,并提到了当用户数量增长速度超过比特币供应量时可能发生的价格反馈循环。有趣的是实际上就是这么发生的。

假如居民通过真实的生活体验发现,所用的货币不仅不会贬值,实际上还会增值,那将是一种什么样的感受?随着经济增长和制造能力提高,物价应该逐步降低。今天物价不降低(除了那些改进非常迅速的产品,例如计算机)的唯一原因是政府引起的通货膨胀。

回复:比特币发布 P2P 货币源代码

中本聪,2009 年 2 月 18 日,20:50

这是一个全球性的分布式数据库,在大多数人同意之下,基于一套要遵循的规则,可以增加到该数据库:

- ▲ 每当有人找到了生成区块的工作量证明,他就会得到一些新的比特币。
- ▲ 工作量证明的难度每两周调整一次,以达到整个网络平均每小时增加 6 个区块。
- ▲ 每个区块所产生的比特币数量每 4 年削减一半。

可以说比特币是由大多数人发行的。它们以有限且预定的数量发行。

例如有 1000 个节点，每小时有 6 个节点能得到比特币，一个节点可能平均需要一个星期才能得到比特币。

对于赛普的问题，事实上当用户数量增长时，并没有谁会像中央银行或美联储那样调整货币的供应量。因为我不知道软件如何能获知真实世界的物价，因此又将需要一个可信方来确定比特币的价值。如果有聪明的办法，或者希望信任某人能积极地管理货币供应，使之与某个事物挂钩，我就可以通过编程把规则制定成那样。

从这个意义上说，比特币更像是典型的贵金属。供应量是预定的且价值会变化，而不是改变供应以保持价值不变。当用户数量增长时，每枚比特币的价值也随之增加。它有潜力进入正反馈循环；当用户数量增加，比特币价值上升，这会吸引更多的用户来享受增值的好处。

24

发布比特币0.1.3版

THE BOOK OF SATOSHI
THE COLLECTED WRITINGS OF BITCOIN CREATOR SATOSHI NAKAMOTO

这个版本修复了通信问题。中本聪讨论了为发现区块的工作量证明而设计的成熟倒计时,即矿工完成一个区块所获得的回报。

[bitcoin-list] 发布比特币 0.1.3 版

中本聪,2009 年 1 月 12 日,22:48:23

看起来我们已经度过了最糟糕的互联网连接问题。0.1.3 版修复了节点通信经过一段时间会关闭的问题。现在这个新版本的网络运行得更加顺畅。

如果已成功生成了区块,就会在可以支付之前看到一个成熟倒计时。一旦成熟,信用栏就会从 0.00 变为 50.00。要想让该区块有效,就必须把它广播到网络并加入区块链,这就是为什么如果不联网,Generate 不会运行。如果在未联网的情况下生成了区块,网络并不知道它的存在,并会继续建立不包含它的链,而将其抛在后面,而且当节点看到它未被使用时,成熟倒计时会变为"未接受"状态。状态栏的显示减 1 意味着有 1 个区块链接在你区块的后面。

中本聪

25

文档时间戳

THE BOOK OF SATOSHI
THE COLLECTED WRITINGS OF
BITCOIN CREATOR SATOSHI NAKAMOTO

哈尔在本章中提到，有些人建议用区块链通过额外的哈希值来为文档加时间戳（请参阅第2章"哈希函数——数字指纹"一节中对密码哈希的解释）。

[bitcoin-list] 发布比特币 0.1.5 版

中本聪，2009年3月4日，16:29:12

哈尔·芬尼写道：

> 听上去不错。我也希望在多台机器上运行多个比特币/区块的生成器，把它们的地址都藏在一个NAT地址的后面。我还没有试过，所以不知道这是否适合当前的软件。

当前的版本就可以。它们分别通过互联网连接，而传入的连接只会到达端口为8333所路由的主机。

作为优化措施，我将定义一个开关参数"-connect=1.2.3.4"来指定一个连接地址。可以把额外的节点连接到主节点，而只有主节点才连接到互联网。现在这个问题还没那么重要，因为网络会变得巨大，带宽才将是个大问题。

顺便说一句，我不记得我们是否曾谈过此事，有一天有人曾提到了安全时间戳问题。想要证明某文件存在于过去的某个时间，在我看来，比特币的区块链是一个完美的解决方案。

比特币确实是一种用于交易的分布式安全时间戳服务器。几行代码就可以创建一笔带有额外哈希值的交易，其中包含着需要时间戳的数据。那样我应当在软件里增加一个命令专门给文件盖时间戳。

以后我会增加一个接口，这可以使服务器端语言更容易与网站集成。

是的，而且我希望看到更多的接口供编程语言或脚本语言调用，也可以在客户端调用。

没错。

中本聪

http://www.bitcoin.org

26

比特币论坛的欢迎辞

THE BOOK OF SATOSHI
THE COLLECTED WRITINGS OF
BITCOIN CREATOR SATOSHI NAKAMOTO

中本聪在 sourceforge.net 上宣布成立一个比特币专门论坛。

欢迎来到比特币新论坛！

中本聪，2009 年 11 月 22 日，下午 06:04:28

欢迎来到比特币新论坛！
原来的论坛还是可以从以下网址访问：
http://bitcoin.sourceforge.net/boards/index.php
我会在此重发一些挑选过的帖子，并尽可能回答问题。
常见问题的解答地址：
http://bitcoin.sourceforge.net/wiki/index.php?page=FAQ
下载地址：
http://sourceforge.net/projects/bitcoin/files/

27

比特币的成熟

THE BOOK OF SATOSHI
THE COLLECTED WRITINGS OF
BITCOIN CREATOR SATOSHI NAKAMOTO

27 · 比特币的成熟

成熟（maturation）专指为回报矿工在区块链上的工作而新创建的比特币。一旦区块成为孤块的机会渺茫，所授予的相应比特币就成熟了，可以安全地记入矿工的账户。

比特币成熟了吗？

中本聪，2009 年 11 月 22 日，下午 06:31:44

比特币的成熟

发表于：星期四 2009 年 10 月 1 日（14:12 UTC）

从用户的角度来看，比特币的成熟过程可以分成 8 个阶段。

1. 当第一次点击铸币（Generate Coins）时发生的初始网络交易。

2. 从初始网络交易到比特币出现在所有交易列表。

3. 比特币从所有交易的域外转移到域内。

4. 从比特币出现在所有转账列表到描述预备变更为已生成（x 区块后 50.00 比特币成熟）。

5. 描述变更为已生成（x 区块后 50.00 比特币成熟）。

6. 从描述显示从已生成（x 区块后 50.00 比特币成熟）到预备变更为已生成。

7. 描述变更为已生成。

8. 描述变更为已生成之后。

哪些阶段需要网络连接、显著的本地 CPU 或远程 CPU 的使用率？能定义这些阶段吗？

回复：比特币成熟吗？

Sirius-m，2009 年 10 月 22 日，02:26 UTC

据我所知，在点击铸币时还没有网络交易，计算机刚开始计算下一个工作量证明。铸币时 CPU 的使用率是 100%。

在本例中，将所创建的工作量证明块（送您新币的原因）的信息广播出去时要连接网络。成功地铸币需要保持网络连通性，这样当有人先得到当前区块时您可以马上着手下一个区块。

比特币成熟吗？

中本聪，2009 年 11 月 22 日，下午 06:34:21

在铸币的过程中，特别是成功地生成区块的那一刻，网络的连通性很重要。1. 生成期间（当状态栏显示"生成中"且正在使用 CPU 寻找工作量证明时），必须保持网络连接不间断以接收最新的区块。如果您的区块没有链接到最新的区块，它很可能不被接纳。2. 成功生成区块的消息会立刻被广播至网络。其他节点必须接收并链接它，以把它接纳为最新区块。

把这理解为合作造链。添加链接时，必须先找到当前链的末端。如果找到最新链接后离线 1 小时，在此期间打造自己的链接，重新在线后想要再链接到 1 小时前那个链的末端上，其他人可能已经在那个链接的后面添加了好几条链接，不会再想用您半路分叉出来的那条链接了。

区块创建后，留出 120 个区块的成熟时间的目的是为了在用于支付前要完全确定该区块属于主链。您的节点在此期间不会对该区块做任何事情，只是等待别的区块添加到它后面。这段时间都不需要在线。

28

比特币的匿名性

不像装满百元美钞的手提箱那样可以不留痕迹地转移,比特币的交易记录在公开账本上。尽管比特币地址实质上是匿名的,但是通过这些地址进行的交易可不是。

比特币的匿名性如何?

中本聪,2009 年 11 月 25 日,下午 06:17:23

网络节点知道比特币的来龙去脉吗?区块是否包含进出账的历史?

收发比特币的地址在本质上是没有任何识别信息的随机数。

向 IP 地址发送的交易仍然写入了比特币地址。IP 地址只是用于连接收款人的计算机以请求新的比特币地址、将交易直接交给收款人并得到确认。

区块包含转入的比特币地址历史。如果使用该比特币地址的人身份不明,且每个地址只用过一次,那么历史信息只会说明一些匿名人把钱转给了其他人。

匿名和使用笔名的可能性取决于是否透露与比特币地址相关的身份信息。如果在网上公布了自己的比特币地址,那么就可以把该地址、它所包含的交易以及公布时所用的名字关联起来了。如果使用没有关联真实身份信息的马甲发布,那么就是匿名的。

要想更好地保护隐私,比特币地址最好只用一次。这可以通过修改 Options->Change 来调整地址变更的频度。

> 节点是否知道比特币地址属于哪个 IP？

不知道。

> 在比特币首次启动时是否有命令行选项可以控制服务端口的代理服务器？

下一个版本（0.2 版）提供在启动时通过代理利用命令行控制：

bitcoin -proxy=127.0.0.1:9050

TOR 的问题是在启动时发现其他节点的比特币 IRC 服务器禁止 TOR 退出节点，所有的 IRC 服务器都是如此。如果之前曾经连接上了，那么说明已经有种子存在，但是第一次需要提供一个像下面这样的节点地址：

bitcoin -proxy=127.0.0.1:9050 -addnode=<someipaddress>

如果节点使用静态 IP 地址接受传入的连接，就可以把这个 IP 用于 -addnode，那可就太棒了。

> 如果把比特币发送到某个 IP 地址，而该 IP 地址的后面有多个客户端通过网络地址转换（NAT）连接，那会怎么样？

通过 NAT 端口 8333 转发到的那个客户端会收到交易。如果路由器能在转发时改变端口，就可以允许多个客户端接收比特币。例如，如果端口 8334 把交易转发到一台计算机的 8333 端口，那么付款者可以把比特币支付给"x.x.x.x:8334"。

如果 NAT 不能进行端口转换，那么目前还没有命令行的可选项来改变比特币所绑定的接收端口，但我会继续深入研究。

29

中本聪回答的几个问题

THE BOOK OF SATOSHI
THE COLLECTED WRITINGS OF
BITCOIN CREATOR SATOSHI NAKAMOTO

中本聪在本章中回答了各种各样的问题，例如比特币的匿名性、备份要求、比特币丢失等问题。另外，开源是否会给比特币带来安全问题，例如一位矿工修改了代码。中本聪回答说其他矿工不会接受它，因为它违背了比特币的协议。

回复：关于比特币的问题

中本聪，2009 年 12 月 10 日，下午 08:49:02

SmokeTooMuch 写道：

您好！昨天我偶尔发现了这个伟大的支付方式。

虽然查阅了很多网站，但是我仍然还有一些问题没有弄清楚。

1. 比特币真的匿名吗？我指的是完全彻底的匿名，ISP 能检测到比特币的收入或支出活动吗？甚至可能看到我现在正在运行比特币系统吧？

2. 如果理解正确的话，支付伙伴们无法看到我是谁。这是否意味着他只能看到比特币地址，而看不到真实的 IP 地址呢？即使他在监视网络连接等？

3. 如果 ISP 能探查到我在使用比特币系统，或者支付伙伴们有办法查到我的 IP 地址，那么使用 VPN 会不会更加安全呢（以预付费卡 Paysafecard 支付为例）？这是不是也很危险,因为 VPN 的提供商可以获得我的支付信息?

4. 为了确保比特币的安全,我们需要备份哪些文件呢? wallet.dat 还是比特币的整个 AppData 目录?

5. 是否可以把钱包复制到不同的机器上使用呢? 这样什么都不做比特币就可以翻一倍。对这样的案例有防范措施吗?

6. 当有人丢了钱包,是否有办法在系统内重铸丢失的币? 要不然 2100 万的比特币上限就不对了(我的意思并不是要为某人恢复丢失的币,如果 2100 万比特币全都造出来了,但有人丢了含有 100 万比特币的钱包,其他人又不能重造这 100 万比特币,难道说这些比特币钱就在网络上完全消失了?)。

7. 我忘了曾经在哪里读过,目前现存约 13 万个区块。但在我的电脑上只能看到 2.4 万个,这是正常现象还是哪里出了问题?

8. 我对比特币产生的事了解有限。一台机器平均每天创造多少枚比特币?

9. 我知道 8333 端口上的请求应该被转发至比特币系统。我的问题是这里用的是 TCP 还是 UDP 协议? 该端口是铸币所必需的,还是仅用于支付交易?

10. 我看到比特币源代码向所有人开放。这是否有风险? 如果代码被人操作,有些人能比其他人创造更多的比特币吗? 这可能是个巨大的安全漏洞。

11. 我看到过一个计算一段时间内创造比特币数量的公式。这与 CPU 的最大速度以及可用量有关。但我现在找不到了,所以请您解释比特币产生机制。速度慢的机器和高端机器产生一样多的币吗?

12.除了新的自由标准外,是否还有其他的兑换系统或潜在的支付伙伴?

13.如果我的系统崩溃了,会发生什么事?钱包会自动保存吗?还是只有手动关闭比特币系统才能保存?(或许只在比特币产生或支付时才需要实时保存?)

14.有没有办法看到迄今已经产生了多少枚比特币?比特币几岁了?

我知道自己问了一堆问题,但我是真的对您的服务很感兴趣,想要了解所有的事情后才更加频繁地使用。

(请原谅我蹩脚的英语……)

1~3:您提到的那种级别的匿名性需要通过 TOR 连接,使用几个礼拜后发布的比特币软件 0.2 版就可以了。到时我会发布 TOR 的使用说明。

4:对 0.1.5 版,备份整个 %appdata%\Bitcoin 目录。对 0.2 版:只备份 wallet.dat。

5:不行。整个系统都是针对防止这种情况发生设计的。

6:那些比特币无法再恢复,总的流通量因此会减少。由于有效流通量减少,剩下的币的价值会稍微提高一些。这与政府印钞导致现存货币价值降低正好相反。

7:现在有 29 296 个区块。流通量是区块数量乘以 50,所以当前的流通量是 1 464 800 枚比特币。如果只有 2.4 万个区块,一定是没完成初始区块的下载。退出比特币系统再重新启动。0.2 版的初始区块下载会更好和更快。

8：通常会有几百个吧。现在很容易，但随着网络的发展会变得越来越难。

9：好问题，是 TCP。应该更新网站说明 TCP 端口 8333。

端口转发是为了其他节点可以连接，所以会帮助你保持连接，因为这可以使你能连接更多的节点。另外也需要通过 IP 地址和端口接收付款。

10：不是，其他的节点不会接受。

开源意味着任何人都可以独立审查代码。如果是源代码封闭，无人可以验证其安全性。我认为这种性质的程序必须开源。

11：较慢的机器生产较少的币。与 CPU 速度成正比。

12：还会有更多的比特币生产出来。

13：比特币使用了事务型数据库 Berkeley DB。系统崩溃时不会丢失数据。系统收到交易时会立即写入数据库。

14：可以将总区块数乘以 50。比特币网络已经运行快一年了。设计和编码始于 2007 年。

回复：关于比特币的问题

> SmokeTooMuch 写道：
> 哇，非常感谢您给出的详细回答。
> 但是今天我又想到了另一个问题。
> 假定我们知道邻居在用比特币，我们也知道他将会收到付款（也许因为他有一家网上商店，并接受以比特币作为支

付方式)。

此外，我们知道他使用无线局域网（WLAN），他的网络不安全或是弱保护。路由器的配置也是如此。

现在我们可以登录到他的路由器找到配置，把8333端口转发的IP地址改为我们系统的IP。现在每笔付款都将会被我们的比特币客户端接收。

这样实际上能成功吗？

我知道这么做属于高度犯罪而且这种场景也极其可耻，这种场景也不寻常，但在理论上应该行得通吧？（不是我喜欢害人，但我知道犯罪分子会尝试很多方法来抢钱。）

顺便说一句，当局域网路由器配置处于无保护状态时，该方法同样行得通。

编辑：这些场景或许根本不可能，因为不管那个端口用的是哪个IP，付款只会转到付款人定义的比特币地址或IP地址？

的确如此，用send-to-IP选项就会发给任何响应那个IP的人。发送到比特币地址就不存在这个问题。

计划是实现IP+比特币地址选项，这就会同时拥有两边的好处。在这种情况下每笔交易仍然会用不同的地址，但是收款方会用给定的比特币地址进行一次性地址签名，以证明它属于预定收款人。

30

自然通货紧缩

THE BOOK OF SATOSHI
THE COLLECTED WRITINGS OF BITCOIN CREATOR SATOSHI NAKAMOTO

比特币丢失的话题已经提过好几次了。这种现象称为"自然通货紧缩"。这里有两个关于此问题的讨论。注意,今天的法定货币产生于债务。当批准汽车或住房贷款时,等量的美元被创造出来,一旦贷款还清了,这笔货币就消失了。在当前的体系中,通货紧缩的环境意味着资产(房屋、汽车等)价值的下降,但是由于购买资产的借贷已经发生,当拥有量超出购买力时,就会出现一连串的破产。

另一方面,货币发行总量固定的属性使借贷极少发生。在1913年美联储成立之前,大部分的买卖,甚至包括房子,都是现金交易。货币保值甚至增值很重要。人们不必为了退休金保值而需要在共同基金投资;相反,只要少买点儿东西把钱省下来就可以了。金融媒体通常称之为"囤积",但是退休基金也这么做。本质上说,储蓄意味着材料、资源和时间的推迟消耗,这样就能提高其他部分的生产效率,包括投资新工厂等。因为延迟消费,所以以后就能享受退休生活。货币概念的抽象性超过大多数人的想象。

回复:几点建议

中本聪,2009 年 12 月 13 日,下午 04:51:25

Madhatte 写道:

> 有一个关于"自然通货紧缩"的问题。我注意到有可能

把比特币支付到废弃的旧地址上。也就是说这笔钱无法回收和流通了。是否因此会出现自然通货紧缩问题呢？我的意思是如果比特币达到 2100 万枚的上限，比特币的数量会不会因为支付错误而逐渐减少？

非图形界面会有一个命令行开关。只要不创建主窗口就可以。简单的方法是禁用 ui.cpp 中的 "pframeMain->Show" 和 "ptaskbaricon->Show"。网络线程其实并不关心是否存在图形界面。当磁盘空间不足时，CheckDiskSpace 的提示消息框是唯一的图形界面。

还有另外一个单独的命令行工具和它通信。我也不太清楚该工具应该叫什么名字。

我喜欢"自然通货紧缩"这个叫法。由于支付错误以及数据丢失，确实自然会出现通货紧缩。比特币的产生速度最终会慢到被自然通货紧缩所超越，结果形成净通货紧缩。

以下是第二段对话。

回复：垂死的比特币

中本聪，2010 年 6 月 21 日，下午 05:48:26

各位好，

如果丢了钱包（比如磁盘崩溃），那么就无法拿回自己的比特币了吗？比特币每次丢失就永远无法找回吗？比特币网络因此会随着时间的流逝而慢慢收缩吗？（因为总有人丢币！）

先谢了！

virtualcoin

丢失比特币只会让其他人的币稍微升值一点。可以把这看作是对每个人的捐赠。

引自：拉兹洛（laszlo），2010年6月21日，下午01:54:29

我在琢磨是否存在着这样一个拐点，生成新币的难度比恢复丢失的比特币钥匙或偷别人的币更高？现在这么做的难度超高，所以产生新币更有价值，但我只是想知道实际数字会变得更高产吗？也许中本先生可以解答此问题……

计算机的速度必须要再快 2 的 200 次方才会遇到这个问题。对拥有大量算力的人来说，产生比特币要比盗取比特币更为有利。

31

发布比特币0.2版

THE BOOK OF SATOSHI
THE COLLECTED WRITINGS OF
BITCOIN CREATOR SATOSHI NAKAMOTO

中本聪宣布发布比特币 0.2 版。

比特币 0.2 版在此！

中本聪，2009 年 12 月 16 日，下午 10:45:36

比特币 0.2 版在此！

下载链接如下：

http://sourceforge.net/projects/bitcoin/files/Bitcoin/bitcoin-0.2.0-win32-setup.exe/download

http://sourceforge.net/projects/bitcoin/files/Bitcoin/bitcoin-0.2.0-win32.zip/download

http://sourceforge.net/projects/bitcoin/files/Bitcoin/bitcoin-0.2.0-linux.tar.gz/download

新功能

▲ 马尔蒂·马尔米。

▲ 精简系统托盘的选项。

▲ 系统启动选项中设置自动启动功能，这样就可以确保在后台自动运行。

▲ 为未来扩展而设置的对话框布局新选项。

▲ Windows 安装程序。

▲ Linux 版本（在 Ubuntu 上测试过）。

中本聪

▲ 支持多处理器的比特币生成。

▲ 为使用 TOR 提供的代理支持。

▲ 解决了一些初始区块下载时变慢的问题。

感谢马尔蒂·马尔米（sirius-m）的编码以及托管新网站和本论坛，并且新自由标准在他的帮助下对 Linux 版进行了测试。

32

关于订单支付的建议

THE BOOK OF SATOSHI
THE COLLECTED WRITINGS OF
BITCOIN CREATOR SATOSHI NAKAMOTO

非对称加密使用了多种类型的加密算法。中本聪在这里谈到采用椭圆曲线密码（EDCSA）而非 RSA 的主要原因是交易字节数的多少。为了让每笔交易字节数尽可能少，保持区块大小可控，中本聪决定使用 EDCSA。

回复：新手测试——有人想花 1 美元买幅画吗？

中本聪，2010 年 1 月 29 日，下午 12:22:13

推荐的订单支付方法：

1. 商家有静态 IP，客户支付到该 IP，并附带简单的附言。

2. 商家创建新的比特币地址并发给客户，客户支付到该地址。这将是在线支付的标准方式。

与 RSA 对比：ECDSA 的重点是数据小，而非可执行文件小。我认为如果区块链、比特币地址、磁盘空间以及带宽需求都大一个数量级，那将不太实用。此外，即使将 RSA 用于消息，也有必要在整个比特币网络用 ECDSA，而同时仅将 RSA 用于消息部分。那样就和现在已经实现的完全一样了。

后期可能想出更好的方法。可以单用电子邮件或即时通信基础设施而不是 RSA 来传递消息，也许只需要在交易中加入消息的哈希值，以证明交易确实与消息中所描述的订单相符。消息必须加密以避免暴力破解哈希值泄密信息。

33

论工作量证明的难度

THE BOOK OF SATOSHI
THE COLLECTED WRITINGS OF
BITCOIN CREATOR SATOSHI NAKAMOTO

中本聪在此讨论了随着更多矿工开始参与挖矿，工作量证明难度也随之增加。

工作量证明的难度增加

中本聪，2010年2月5日，下午 07:19:12

2009年12月30日，工作量证明难度首次被自动调整。

最低难度是32个零位，所以即便只有一个人在运行比特币的节点，难度也不会比这更低。去年大部分时间的难度都在最低水平下徘徊。12月30日突破了难度，调整后的算法更加困难。从那时起，每次调整后都变得更难。

自2月4日的调整后，难度从去年的1.34上升到1.82。这意味着同样的工作量只能生成相当于原来55%的比特币了。

难度的调整与全网的总工作量成正比。如果节点数翻番，难度也会翻番，让总产出回归到目标收益率。

对于那些技术控，可以通过在 debug.log 中搜索"target:"查看工作量证明难度。搜索结果是256位无符号十六进制数，其SHA-256值必须小于能成功产生区块的值。该值每2016个区块后调整一次，时间上差不多是两周。这时 debug.log 中会输出"GetNextWorkRequired RETARGET"的消息。

区块链启示录
THE BOOK OF SATOSHI

minimum 00000000ffff00000000000000000000000000000000
0000000000000000000
30/12/2009 00000000d86a0000000000000000000000000000
00000000000000000000000
11/01/2010 00000000c4280000000000000000000000000000
00000000000000000000000
25/01/2010 00000000be710000000000000000000000000000
00000000000000000000000
04/02/2010 000000008cc30000000000000000000000000000
00000000000000000000000
14/02/2010 00000000654657000000000000000000000000000
0000000000000000000000
24/02/2010 0000000043b3e5000000000000000000000000000
0000000000000000000000
08/03/2010 00000000387f6f00000000000000000000000000
00000000000000000000000
21/03/2010 0000000038137500000000000000000000000000
00000000000000000000000
01/04/2010 000000002a111500000000000000000000000000
00000000000000000000000
12/04/2010 0000000020bca700000000000000000000000000
00000000000000000000000
21/04/2010 0000000016546f0000000000000000000000000000
00000000000000000000000
04/05/2010 0000000013ec530000000000000000000000000000
00000000000000000000000
19/05/2010 00000000159c240000000000000000000000000000
00000000000000000000000
29/05/2010 000000000f67c0000000000000000000000000000
00000000000000000000000
11/06/2010 000000000eba640000000000000000000000000000
00000000000000000000000
24/06/2010 000000000d31420000000000000000000000000000
00000000000000000000000
06/07/2010 000000000ae4930000000000000000000000000000
00000000000000000000000
13/07/2010 0000000005a3f40000000000000000000000000000
00000000000000000000000

16/07/2010 000000000168fd000000000000000000000000000
0000000000000000000000000
27/07/2010 00000000010c5a000000000000000000000000000
0000000000000000000000000
05/08/2010 0000000000ba18000000000000000000000000000
0000000000000000000000000
15/08/2010 0000000000800e000000000000000000000000000
0000000000000000000000000
26/08/2010 00000000006920000000000000000000000000000
0000000000000000000000000

date, difficulty factor, % change
2009   1.00
30/12/2009 1.18 +18%
11/01/2010 1.31 +11%
25/01/2010   1.34   +2%
04/02/2010   1.82   +36%
14/02/2010   2.53   +39%
24/02/2010   3.78   +49%
08/03/2010   4.53   +20%
21/03/2010   4.57   +9%
01/04/2010   6.09   +33%
12/04/2010   7.82   +28%
21/04/2010   11.46   +47%
04/05/2010   12.85   +12%
19/05/2010   11.85   −8%
29/05/2010   16.62   +40%
11/06/2010   17.38   +5%
24/06/2010   19.41   +12%
06/07/2010   23.50   +21%
13/07/2010   45.38   +93%
16/07/2010 181.54 +300%
27/07/2010 244.21   +35%
05/08/2010 352.17   +44%
15/08/2010 511.77   +45%
26/08/2010 623.39   +22%

34

论比特币的上限与节点的盈利能力

THE BOOK OF SATOSHI
THE COLLECTED WRITINGS OF
BITCOIN CREATOR SATOSHI NAKAMOTO

原来的帖子质疑在难度提高且比特币奖励减少时，矿工的盈利能力（在发出本帖的时候是 50 枚比特币，而在 2013 年年初则减少至 25 枚比特币）。

回复：当前比特币的经济模式不可持续

中本聪，2010 年 2 月 21 日，下午 05:44:24

xc 写道：

> 不要庸人自扰。从来没人死于"通货紧缩的漩涡"。:)
> 我同意"I-am-not-anonymous"说的市场将会选择像比特币这样最好的货币。然而，我也相信中本聪所建立的比特币规则足以支撑未来繁荣的比特币经济。
>
> 比特币的供应量将会增长多快路人皆知，这已固化在程序和比特币网络中，是板上钉钉的事了。虽然目前还没有完善的比特币市场，但正在开发这类市场和交易所。对未来的比特币生产者而言，问题不是"需要多少东西来补偿？"而是考虑"当前比特币的市场价值是否值得耗费电力和算力生产？"如果值得就参与。否则就停止挖矿，转而以比特币作为适当中介进行有形资产的交易。如果不太确定，则可以尝试一段时间，然后再做最后决定。

节点数量与相应算力会不断变化，不断的竞争会导致成本接近价值（不是相反）。价值由市场和作为交易媒介的比特币的使用需求所决定。未来的交易成本竞争会对潜在的节点运营商产生重大的影响。

与您提出的节约悖论相反，怀着利用通货紧缩赚取购买力的期望而收藏和储蓄比特币并非什么坏事。这可以聚集比特币资本以进行更大规模的投资。甚至未来会出现比特币银行，以市场设定的利率借出储蓄的比特币，从而减小囤积的影响。然而，这些美好的储蓄都伴随着延迟满足现时欲望的代价。从潜在储蓄者的角度来看，永远是现在克制购买有形资产的欲望与将来买下更多资产的可能性之间的较量。时机选择自然会随着人和环境的不同而不同。

比特币的电子化特性使其易于分割，很容易调整比特币的价值以适应通货紧缩的压力。如果储蓄率太高，物价就会下降，利率也会下降。因此鼓励需求（降价），同时降低储蓄意愿（低利率）。

xc
---

xc，您的点评很精彩。

预期升值的东西的合理市场价格已经反映了现在价值的预期未来增长。人脑会进行概率估计权衡持续增长的几率。

在没有市场可确定价格的情况下，新自由标准基于生产成本的评估是可靠的推断和有益的服务（谢谢）。任何商品的价格往往都趋向于生产成本。如果价格低于成本，那么生产就会放缓。如果价格高于成本，扩大生产和销售就能获得更多利润。同时，产量增加导致难度增加，推动生产成本朝价格方向靠拢。

当以后新币的产量只占现有供应量的小部分时，市场价格将主导生产成本。

比特币目前的生产能力正在迅速提高，表明人们估算目前的价值高于当前的生产成本。

35

比特币地址冲突的可能性

THE BOOK OF SATOSHI
THE COLLECTED WRITINGS OF
BITCOIN CREATOR SATOSHI NAKAMOTO

有人表达了对基于公开地址的哈希值产生比特币地址可能发生地址冲突的关注，即为两个不同个体分配相同比特币地址的机会。注意，160 位哈希计算可以产生 2 的 160 次方（1.46×10^{48}）种可能性，因此冲突发生的概率微乎其微。

回复：比特币地址冲突

中本聪，2010 年 2 月 23 日，上午 09:22:47

> 新自由标准写道：
>
>> 如果两个比特币客户端产生了同样的比特币地址（尽管这几乎不可能），那会发生什么情况？比特币会支付给首次遇上的客户端吗？是否已有防范机制，请解释一下。

每个比特币地址都有独立的公钥和私钥对。不存在可以解锁所有公钥的私钥。比特币地址是公钥的 160 位哈希值，系统的其他地址都是 256 位的。

如果发生冲突，冲突者可以消费发到该地址的所有比特币。但只是发到该地址的比特币，而不是整个钱包。

如果有人刻意尝试制造冲突，在当前情况下要产生一次冲突所花费的时间大约是生成一个区块的 2^{126} 倍。产生区块赚的钱要远比这多。

随机种子考虑得非常严密。使用 Windows 所有的性能监控数据，包括启动后对磁盘性能、网卡指标、CPU 时间以及分页等的测量。Linux 有内置的熵收集器。再加上每次鼠标在比特币窗口移动时产生并由磁盘操作所捕获的熵。

36

QR 码

THE BOOK OF SATOSHI
THE COLLECTED WRITINGS OF
BITCOIN CREATOR SATOSHI NAKAMOTO

本章有关两段涉及手机 QR 码的对话。根据用户 ec 在论坛上的建议，中本聪建议用 POS 机付款时采用当今普遍的 QR 码来显示比特币地址。

回复：比特币的 URI 方案

中本聪，2010 年 2 月 24 日，上午 05:57:43

在 POS 上用这种方式就太好了。收银机显示含有比特币地址和交易金额编码的 QR 码，顾客用手机拍下来。

https://bitcointalk.org/index.php?topic=177.msg1814#msg1814

回复：比特币移动版

中本聪，2010 年 6 月 26 日，下午 08:58:26

> 引自：sirius-m，2010 年 6 月 10 日，下午 01:51:16
> 当然可以用类似 vekja.net 或 mybitcoin.com 服务在移动浏览器上把钱存入您信任的地方。

我认为这是目前最好的选择。就像现金一样，您不会把全部身家都放在口袋里，一般仅带少量的现金以备不时之需。

可为移动设备专门优化一个小型网站,用应用作为前端,其主要功能就是读 QR 码,或把网站设计成由通用 QR 码应用读取扫描结果。

如果有一个 iPhone 应用,功能仅仅是 vekja 或者 mybitcoin 的前端,而且不涉及 P2P,苹果会批准它吗?不批准又是基于什么条款呢?一定会有安卓版的应用。尽管应用不是那么必要,就是个手机屏幕大小的移动版网站。

为家中运行的比特币服务器提供网络接口并不适合于所有人。大部分用户没有静态 IP,且设置端口转发也太麻烦了。

37

比特币的图标

THE BOOK OF SATOSHI
THE COLLECTED WRITINGS OF
BITCOIN CREATOR SATOSHI NAKAMOTO

中本聪为比特币设计了版权开放的图标。它不同于 bitcoin.org 的图标。

(参见 http://commons.wikimedia.org/wiki/File:Bitcoin.svg)

新图标 / 标志

中本聪，2010 年 2 月 24 日，下午 09:24:23

你们觉得新图标怎么样？比旧的好吗？

为自定义大小提供的 530×529 全尺寸图像：
http://www.bitcoin.org/download/bitcoin530.png

大图上的透视阴影太厚了。我更新了32、48和全尺寸图像。我将这些图标发布到版权自由的公共区域。并要求衍生作品也要版权自由。

引自：萨布尼尔（Sabunir），2010年2月25日，上午02:28:49

太棒了！这将是参加横幅大赛的好资源。为什么要搞成不规则尺寸呢？

唯一的建议是让比特币的文字更加醒目。分辨率太低时轮廓就看不清了，所以最好尝试一下调整反差。让文本比币的其他部分明显更暗些，这可能会增加可读性。或者，让比特币的内圈更暗且文字更亮。

好建议，我把B字稍微调亮了点儿，背景稍微调暗了些。这些调整非常小。目前前景部分跟以前BC字体的颜色完全一样。

在16×16分辨率下看不太清B字还可以接受。在那个分辨率下，只需要能看清楚是枚硬币就够了。上面的压花图案之类的就不那么要紧了，只不过还得有些细节，要不然一块光板圆圈看起来就不太像硬币了。

宽比高稍微长一点点，因为下面的阴影更偏向于右边而不是下方。

我完成并在第一条消息中发布了分辨率为32×31和48×47的版本。我很喜欢48版。

大家对两条线从外部穿过B字有何感觉？能把它作为我们的标志吗？

引自：Cdecker，2010年2月27日，上午03:24:07
用SVG版本怎么样？那样我们可以根据需要自动生成更小的或更大的版本。

不知道该怎么做SVG版，但是我把原件做得非常大，有500多个像素，所以能缩小。完成后，我将把原件发布出来。

我必须调整每个图标的大小，让它们在垂直线上的像素之间有倍数关系，要不然就会模糊和不一致，奇丑无比。这就是图标制作的挑战。原件在从48到500之间按照自定义缩放的效果都很好，再小就不行了。

38

关于 GPL 与 MIT 许可协议

为创建有 GPL 许可协议的"我们接受比特币"标志所提的建议。在这里，中本聪表示他更喜欢 MIT 许可协议，即比特币软件使用的那种开源许可协议。

回复：制作"我们接受比特币"标志

中本聪，2010 年 2 月 24 日，下午 09:53:52

我不得不避免使用 GPL 的软件。不是因为反对 GPL 本身，而是因为比特币是使用 MIT 许可协议的项目。任何使用 GPL 的都要清楚地标明。

39

关于汇款监管

THE BOOK OF SATOSHI
THE COLLECTED WRITINGS OF
BITCOIN CREATOR SATOSHI NAKAMOTO

中本聪在本章中提出了一种让比特币的买卖双方可以当面完成比特币交易的服务,目的是规避所有的监管。双方各自带好上网设备,或在有公共计算机的地方(例如图书馆或者网吧)见面。买家将比特币地址提供给卖家以便支付交易。匹配买卖双方的服务确实存在(见 localbitcoins.com)。

汇款监管

中本聪,2010 年 3 月 3 日,上午 04:28:56

当规模够大时,可能会有一种交易网站,自身并不提供资金转移,只是匹配买家和卖家的直接交易,类似于 eBay 的模式。

为了安全性,交易网站为比特币支付方提供托管。卖家将比特币进行托管,买家直接向卖家发出常规的付款交易。交易服务不处理任何现实世界的币。

这应该比 eBay 更好一些。即便支付顺利完成,但是发出去的货物收不回来,eBay 也得解决好。

40

破解密码的可能性

中本聪对几组帖子所讨论的不同问题给出了相同的解决方案。两组帖子对 SHA-256 进行了讨论，这是用于创建区块（用作公开账本）"消息摘要"的加密哈希函数，每个函数包含一组比特币交易。SHA-256 广泛地应用于银行和其他金融机构。有朝一日，这种加密方法会被发现某种弱点，从而影响到整个金融业，这将迫使全行业转而使用另外一种新方法。中本聪为比特币提出了同样的策略。

第二组讨论是关于发现了某种重要加密方法的弱点。中本聪开始引用了早期关于 SHA-256 地址冲突的帖子，但是用户 llama 详述了的一个重要的密码，即用于做比特币私钥的椭圆曲线加密密码法中发现了一个重要弱点。

回复：SHA-256 地址碰撞的处理

中本聪，2010 年 6 月 14 日，上午 08:39:50

> 引自：lachesis，2010 年 6 月 14 日，上午 01:01:11
> 我的一位数学家朋友指出哈希协议能存活超过 10 年实属罕见。如果 SHA-256 明天被破解，那比特币有什么解决方案？
>
> 不像从 MD5 到 SHA1 的微创新增长。SHA-256 还是相当健壮的。除非有大规模的突破性攻击，否则它能再坚持几十年。

如果 SHA-256 全面崩溃，我想我们可以达成某种一致，即把在问题开始前的那部分算作是诚实链，并锁定诚实链，然后从那一点采用新的哈希函数往下继续。

如果哈希协议的解体是渐变的，那就可以有序地过渡到新的哈希。比特币系统被设计成可在某个区块编号之后启用新的哈希。那时每个人都必须升级。同时可以保存所有旧区块的新哈希值，以确保不用具有同样旧哈希的不同区块。

回复：大熔炉

中本聪，2010 年 7 月 10 日，下午 04:26:01

> 引自：llama，2010 年 7 月 1 日，下午 10:21:47
>
> 中本聪，如果 SHA 被攻破（当然更可能的是崩溃），那真是个解决方案，因为仍然可以通过签名（私钥仍然安全）来识别有效的比特币所有者。
>
> 然而，如果签名也被攻破了（也许采用量子计算机把整数因式分解问题解决了），那么即使在最后一个有效区块上达成一致也毫无价值。

如果事情是突然发生的，那结果确实如此。如果事情是逐渐发生的，我们还可以切换到更健壮的系统。当首次运行升级后的软件时，将会用新的更强的签名算法为所有的币重新签名。（通过创建一笔交易，用更强的签名把币支付给自己。）

回复：Hash（）函数不安全

中本聪，2010 年 7 月 16 日，下午 04:13:53

SHA-256 的进步不像从 128 位到 160 位。

如果要用类比来解释，这更像是从 32 位到 64 位地址空间的跃进。16 位计算机的地址空间很快就用完了，32 位计算机到了 4GB 内存时地址空间也用完了，但是这并不表示我们很快就会再次用完 64 位的地址空间。

在我们的有生之年，SHA-256 不会被摩尔定律支配下的计算能力的提升所破坏。如果能够被破坏，也应该是通过突破性的破解方法。能够在可计算范围内彻底击败 SHA-256 的攻击，也同样有很大的可能性会使 SHA-512 崩溃。

如果发现 SHA-256 的弱点逐渐显现，就可以在一个特定区块编号后切换到新的哈希函数。每个人都必须在那个区块编号后更新软件。新软件会保留所有旧区块的新哈希值，以确保它们不会被另一个具有相同旧哈希值的其他区块所替代。

41

各种不同的交易类型

THE BOOK OF SATOSHI
THE COLLECTED WRITINGS OF
BITCOIN CREATOR SATOSHI NAKAMOTO

虽然与其他文章相比，这篇更具有技术性。但我还是选择收录它，因为这有助于理解为什么中本聪的核心设计首次可以支持各种可能的交易类型，以有效避免未来的重大修改。

回复：交易和脚本：DUP HASH160 ... EQUALVERIFY CHECKSIG

中本聪，2010年6月17日，下午06:46:08

> 引自：加文·安德烈森（Gavin Andresen），2010年6月17日，上午11:38:31
>
> 我写了一个分析比特币wallet.dat的小工具，主要是想更好地理解比特币的工作原理。
>
> 我看到交易输出了一个数值（比特币数量）和一些字节，这些字节经过比特币内置的类Forth脚本语言的处理。例如，['TxOut: value: 100.00 Script: DUP HASH160 6fad...ab90EQUALVERIFY CHECKSIG']。
>
> 首先，让我感到有点儿紧张的是比特币有内置的脚本语言，尽管是非常简单的脚本语言（没有循环、指针，除了数学和密码外什么都没有）。让我感到紧张的原因是它更复杂，而复杂是安全大敌。这也使创建第二个兼容系统变得更加困难。但是我想自己能克服这样的困难。

区块链启示录
THE BOOK OF SATOSHI

代码显示新交易是通过将签名和公钥压入解释器堆栈来完成验证,然后再运行 TxOut 脚本,对吗?

是否可以在 TxOut 中用某种有效脚本编写代码创建交易?

例如,是否可以创建一段脚本(OP_2DROP OP_TRUE ...)来产生一枚可以由任何人支付的比特币?

创建比特币类型的灵活性是否就源于这种编码方式?

比特币的性质是 0.1 版一旦发布,其核心设计在剩余的生命周期中就不再改变。因此,我想将其设计成能支撑各种可能交易类型的系统。问题在于不管是否用到这些类型,都需要特殊的支持代码和数据字段,并且每次只能覆盖一种情况,这会产生海量的特例。解决方案是用脚本来概括问题,因此交易方可以将交易描述为对网络节点评估的断言。节点对交易的了解只需到可以评估支付方是否满足条件就可以了。

脚本实际上是一种断言。它只是用来评估真假的方程式。断言是一个生僻的词,所以我称之为脚本。

收款方在脚本上匹配模板。目前,收款方只接受两种模板:直接支付和比特币地址。未来的版本可以为更多的交易类型提供更多的模板,运行那个版本或更高版本的节点就能接收这些交易类型。网络中所有版本的节点都可以验证并且处理任何新交易,然后移至区块里,即使它们可能不知道如何读取这些新交易类型。

这个设计支持我多年前设计的各种可能的交易类型,包括托管交易、担保交易、第三方仲裁、多方签名等。如果比特币的发展规模够大,这些就是未来我们想要探索的,但它们都必须在一开始就设计才能确保未来成为可能。

我不相信与比特币兼容的第二个实现是个好主意。如此之多的设计依赖于所有节点步伐一致地得到完全相同的结果,第二个实现会对网络构成威胁。因为 MIT 许可协议与所有其他许可协议及商业用途兼容,所以从许可证的角度看没必要重写代码。

第二个版本对我意味着大量的开发和维护工作。升级网络时不锁定第二个版本就很难保持向后兼容性。如果第二个版本出了大麻烦,两个版本的用户体验都不好,尽管这会增强用户留在官方版本的重要性。如果有人正在准备第二版本的分叉,那我就必须要对使用分叉版本的风险提出很多免责声明。这种设计使出现分歧时主版本受益,对分叉版本来说可能不太公平,并且我也不愿这么干,只要只有一个版本,我就没有必做这些事了。

我知道大多数开发人员不喜欢自己的软件分叉,但这件事有真正的技术原因。

> 引自:加文·安德烈森(Gavin Andresen),2010 年 6 月 17 日,下午 07:58:14
>
> 我钦佩交易脚本设计方案的灵活性,但是我那邪恶的小脑袋立刻开始考虑如何滥用该方案。我可以在 TxOut 脚本中对各种信息做有趣的编码,如果那些没被黑过的客户端验证并忽略那些交易,这将是个有用的改装的广播通信信道。
>
> 这个功能很酷,流行以后会有人通过数以百万计的交易来转播 Lady Gaga 最新的视频给所有的朋友,因为用这种方式洪水式攻击支付网络很好玩……

这是收取交易费的原因之一。如果有必要，我们还有其他的手段。

引自：拉兹洛（laszlo），2010年6月17日，下午06:50:31

聪，您这个设计做多久了？看起来想得非常透彻，不像那种没做过大量头脑风暴和讨论坐下来就写代码的项目。尽管所有人都满腹疑虑寻找漏洞，但迄今为止它仍然坚不可摧。

从2007年就开始了。有一天，我确信有一种方法可以无需任何信任就能做到这一点，于是不断地思考这个问题。更多的工作在于设计而非编码。

幸运的是，到目前为止他们所提出的问题都是我之前考虑和计划过的。

42

第一个比特币水龙头

THE BOOK OF SATOSHI
THE COLLECTED WRITINGS OF BITCOIN CREATOR SATOSHI NAKAMOTO

加文·安德森现在是比特币核心开发团队的负责人，宣布他写了一个"比特币水龙头"，会给每个顾客免费赠送 5 枚比特币。中本聪回答说，如果其他人没想出这个主意，他本人也会有同样的想法。

回复：从 freebitcoins. appspot.com 领取 5 枚免费比特币

中本聪，2010 年 6 月 18 日，下午 11:08:34

引自：加文·安德森（Gavin Andresen），2010 年 6 月 11 日，下午 05:38:45

作为我的第一个比特币编码项目，我决定干一件听起来很笨的事：我开发了一个派送比特币的网站。其网址为：https://freebitcoins.appspot.com/。

每位顾客 5 枚比特币，先到先得，我备了 1100 枚币作为启动资金。一旦一切正常，我会再多加些。

为什么要这么做呢？因为我希望比特币项目取得成功，而且我认为如果人们手里能得到些比特币来尝试，就更有可能成功。等待节点产出比特币的过程相当熬人（而且以后会更令人抓狂），而且购买比特币也不那么容易。

请尝试一下来取一些免费的比特币，哪怕您已经多得不知道该怎么办了。您可以领一些，然后马上捐回到这个地址：

~~15VjRaDX9zpbA8LVnbrCAFzrVzN7ixHNsC~~

第一个项目选得真不错,干得好。我本来打算如果再没人做这事儿我就自己做,这样当普通人难以产出 50 枚比特币时,新用户马上就可以得到几枚币玩一下。捐赠应该能满足需求。分配器所显示的余额可以鼓励人们把这个数字顶起来。

您应该在页面上放一个比特币捐赠地址给那些想捐助的人,在理想状态下这个地址应该在收到钱后马上换成新地址。

比特币价值后来上升了。中本聪建议降低比特币水龙头的出水量至 1 枚比特币。

回复:freebitcoins.appspot.com 急需捐赠!

中本聪,2010 年 7 月 16 日,上午 02:02:07

> 引自:加文·安德森(Gavin Andresen),2010 年 6 月 12 日,下午 07:15:46
>
> 比特币水龙头确实很好用,唯一不好的就是把我的比特币都送光了。从昨晚补货到现在,水龙头已经流出去超过 5000 枚比特币了。
>
> 是否有哪位早期挖了几万枚比特币的用户愿意送些到水龙头,好让更多的人尝试使用比特币?我知道发出去的币大部分估计会弄丢(我怀疑很多羊毛党都坚持不到花这 5 块钱的时候),但如果这样,那只会增加你们手里比特币的价值……

水源捐赠地址：

~~15VjRaDX9zpbA8LVnbrCAFzrVzN7ixHNsC~~

　　因为有限的捐款数量和网站的生存时间，我可能不得不开始派送比特分币了……

现在看起来 5 枚比特币有点多了，也许正常数量应该是 1 枚或 2 枚比特币。

这项服务很重要，这样新用户在生成比特币困难的情况下至少能拿到一些。

43

发布比特币 0.3 版

THE BOOK OF SATOSHI
THE COLLECTED WRITINGS OF
BITCOIN CREATOR SATOSHI NAKAMOTO

中本聪在这一新版本中不仅提供了技术，而且发出了销售和市场营销的声音："摆脱中央管理货币的任意通胀风险！比特币的总发行量仅限于 2100 万枚。"

比特币 0.3 版发布了！

中本聪，2010 年 6 月 6 日，下午 06:32:35

发布 P2P 加密货币——比特币 0.3 版！比特币是一种使用密码技术以及分布式网络替代中央可信服务器的数字货币。摆脱了中央管理货币的任意通胀风险！比特币的总发行量仅限于 2100 万枚。根据算力的贡献逐步把比特币释放给网络节点，因此您可以通过贡献 CPU 空闲时间来获得部分收益。

更新内容：

▲ 命令行和 JSON-RPC 控制。

▲ 包含无用户图形界面（GUI）的守护进程版。

▲ 交易过滤器选项卡。

▲ 哈希速度加快 20%。

▲ 哈希性能显示。

▲ Mac OS X 版感谢拉兹洛（Laszlo）。

▲ 德语、荷兰语和意大利语的翻译感谢 DataWraith、Xunie 和 Joozero。

可在 http://www.bitcoin.org 或本论坛下载。

44

隔离或"网络杀戮开关"

区块链启示录
THE BOOK OF SATOSHI

两组讨论涉及隔离或者网络分裂的可能性

回复：匿名！

中本聪，2010年6月8日，下午07:12:00

很难想象互联网会被隔离得密不透风。只可能是一个国家故意把自己与世界的联系完全切断。

任何能够连接双方的节点都会自动将区块链传导过去，比如有人通过拨号网络或卫星电话绕过封锁。只需要一个节点就够了。所有想继续做生意的人都会有动力。

如果网络被隔离，然后重新连接，在短分叉中的交易如果不在长分叉中，就会被重新释放到交易池中，并且有资格进入将来的区块。它们的确认数（标明被多少个区块确认的数量）将会重新计算。

如果有人利用隔离企图双重消费，就是同一笔钱在每边都有不同的花销，那么第二笔花销在短分叉这边就会失败，转为0/未确认状态，且一直保持此状态。

利用隔离并不容易做到双重消费。如果两边之间不能通信，您怎么能在两边都花钱呢？如果有这么一种方法，那么就可能有别人也用这种方法来同步区块链。

您通常会知道是否处于小隔离区。例如，如果您的国家切断了与世界的联系，国外就是大隔离区。如果您处于小隔离区，应该假设什么都得不到确认。

下面阐明网络分裂的情况。

当网络长时间分裂又重新连接时会发生什么？

> em3rgentOrdr 发表，2010 年 8 月 1 日，上午 11:07:24
>
> 假设比特币在全球范围内广泛使用。假设两国之间的所有互联网连接阻塞，人们仍然在各自网络内从事交易。每个网络的所有交易都被广播到该网络内的所有节点，但是没有广播到别的网络。在每个网络中，网内最长的链会认为是有效的，比特币经济将继续存在于每个网络内。
>
> 经过几年的独立存在后，当两个网络重新连接时会怎么样？

回复：当网络长时间分裂又重新连接时会怎么样？

> kiba 发表，2010 年 8 月 2 日，上午 03:19:08
>
> 也许他们不会再连接。相反，实际上我们有了两种货币。这将导致东西方比特币外汇交易市场的诞生。

回复：当网络长时间分裂又重新连接时会怎么样？

> throughput 发表，2010 年 8 月 2 日，上午 06:07:08

作为商人，我关心的只是我的网络是不是大网，重新连接后，我的交易是否会被接纳。因此，能够监控当前不同节点的数量对我来说就足够了。把监控情况放入图表，如果监控到节点数量突然减半就停止交易处理。这可能是在比特币节点上运行的网络服务器上的一个服务。

但到底有没有办法监控这个数量呢？如果没有，聪明的做法是在标准中添加几个特性，允许实时确定正在运行的不同节点的数量。

回复：当网络长时间分裂又重新连接时会怎么样？

克里格托（creighto）发表，2010年8月3日，下午08:01:22

> 引自：throughput，2010年8月3日，下午01:33:08
>
> 对……
>
> 但是您所描述的情况只有在有人注意到了并证明网络正在分裂之后才有可能。您有没有提出检测网络分裂的方法？

我在其他论坛发起了有关该主题的另一组讨论，但对独立的供应商来说，一个简单的监控守护进程就可以做到：跟踪自从上一次难度正式改变以来区块之间的平均时间，如果单个区块所花费的时间超过了平均值的两倍则提醒供应商，也许暂停接收新比特币，直到供应商查清当前情况为止。连续出现花费的时间比平均值长的区块，就更加证实了问题的出现。因此，如果一个区块花平均两倍的时长，又紧接着有一串超过平均时长 75% 的区块出现，那么基本就可以断定您已不在大网上了。

回复：当网络长时间分裂又重新连接时会怎么样？

中本聪发表，2010 年 8 月 3 日，下午 10:45:07

> 克里格托：我同意该办法。如果区块流下降得很快，超出了偶然性的变化，那么几个小时后，客户端就可能会注意到。从而可以判断出世界已离它远去。
>
> > 引自：knightmb，2010 年 8 月 3 日，下午 07:02:13
> >
> > > 引自：加文·安德森（gavinandresen），2010 年 8 月 3 日，下午 06:38:44
> > >
> > > 或者如果分裂持续的时间够长（超过 100 个区块），那些在短链上产生的比特币交易在合并时将无效。

这个信息很有意思，除了双重消费问题，只要区块链被隔离不超过 100 个左右区块（或 16 个小时以上），就没有问题。

实际上，分裂很有可能是不对称的。要把世界从中间分隔开很难。更有可能的是单一国家与其他国家，例如 1:10 分裂。那种情况下，少数派分叉需要花费 10 倍的时间才能生成 100 个区块，也就是差不多 7 天。此外，客户端因为收到的区块太少，很容易意识到出问题了。

> 引自：knightmb，2010 年 8 月 3 日，下午 07:02:13
>
> 如果存在着分裂延迟的硬编码限制呢？意思是说如果有一个从公网分裂出来的小网，在里边支付了一些比特币，几天后再把它们同步到公网，除了比特币的挖矿产出以外，其他的交易应该没事儿？

没有时间限制。假如您没有在少数派分叉中挖矿得到比特币，也没有使用收到的双重消费比特币，那么您的交易可以随时写入另一条链。

45

市场垄断

THE BOOK OF SATOSHI
THE COLLECTED WRITINGS OF BITCOIN CREATOR SATOSHI NAKAMOTO

中本聪回答了关于有人想买下所有比特币的评论，并引用了亨特兄弟和 20 世纪 70 年代末的白银市场的例子。COMEX（纽约商品交易所）期货交易中的杠杆头寸毁了他们。注意，亨特兄弟所购买的份额实际上只是白银市场的一小部分。但是 COMEX 修改规则，为每个人持有合同的总量设置了上限，从而迫使持有量超限的人不得不卖出，因此亨特兄弟被迫平仓。参见麦克·马洛尼在 WealthCycles.com 上的详细文章：

http://wealthcycles.com/features/the-hunt-brothers-capped-the-price-of-gold-not-50-silver

回复：比特币的漏洞？（对比特币系统展开大规模攻击现实吗？）

中本聪，2010 年 7 月 9 日，下午 03:28:46

> 引自：用户（user），2010 年 7 月 07 日，下午 06:15:28
> 各位好。（对不起，我是个小白）。如果侵入者买光所有的比特币，然后删除所有的二进制数据怎么办？这样可以摧毁比特币系统。比特币网络能防住这类攻击吗？

这种操作被称为"垄断市场"。当有人试图买下全世界的某种稀缺资产时，他们买得越多，价格就越高。到某个点，就会贵到再也买不起了。这对于事先拥有的人来说是很好的，因为他们能以天价卖给垄断者。随着价格的不断上涨，一些人坚持持有待涨，拒绝卖出。

1979年企图垄断白银市场的亨特兄弟的破产案非常知名：

"纳尔逊·邦克·亨特和赫伯特·亨特兄弟试图在20世纪70年代末、80年代初垄断全球的白银市场，有一个阶段，他们甚至拥有全球一半以上可交付白银的权益[1]。在亨特收购贵金属的过程中，白银的价格从1979年9月的11美元/盎司升至1980年1月的近50美元/盎司[2]。两个月后，白银价格最终崩盘至每盎司不足11美元，大幅下跌发生在被称为银色星期四的那天，由于商品购买保证金的交易规则发生了变化[3]。"

http://en.wikipedia.org/wiki/Cornering_the_market

46

可扩展性与轻量级客户端

随着时间的推移，包含了 2009 年 1 月以来所有交易记录的区块链不断增长。如果一个比特币钱包包含了多个比特币地址以及这些地址相应的私钥和比特币余额，比特币系统必须知道应该使用哪个地址来完成交易。例如，假设比特币地址 A、B、C 分别有 0.1、0.2、0.3 枚比特币，并且需要支付 0.5 枚比特币。比特币钱包必须选择 2 个以上的比特币地址来凑足这 0.5 枚比特币，因为任何单独的地址都不足以完成这次支付。除非比特币客户端具有完整的区块链，这样就能知道每个地址的当前余额，否则就必须与拥有区块链的服务器进行连接。简化支付验证首次描述于中本聪的原创比特币论文，允许客户端依赖一台参与比特币网络的服务器，该服务器具有完整的区块链，但不一定参加挖矿过程。后来实现了这种服务器，并使轻量级的客户端受益。

回复：可扩展性

中本聪，2010 年 7 月 14 日，下午 09:10:52

> 引自：jib，2010 年 7 月 12 日，上午 11:36:17
> 每个节点都会接收到每笔交易（如技术论文所述），我理解得对吗？这难道不会让比特币无法成为一种大规模的货币吗？

设计里概述了一种无需完整的区块链的轻量级客户端。设计文档称之为简化支付验证。

轻量级客户端可以收发交易，只是不能产生区块。它仍然能自己验证支付，而不需要交给别的节点来验证。轻量级客户端尚未完成，计划在需要时实现。目前，只能运行完整的网络节点。

　　我预计永远不会超过10万个节点，可能更少。最终会达到一种平衡，此时不值得更多的节点加入。其余的就都是轻量级客户端，这就有可能达到上百万个。

　　处于均衡规模时，很多节点都是服务器集群，其中一两个网络节点通过局域网向其他服务器提供信息。

47

快速交易问题研究

THE BOOK OF SATOSHI
THE COLLECTED WRITINGS OF
BITCOIN CREATOR SATOSHI NAKAMOTO

中本聪在本章中解释说支付处理公司将为商家的交易利益监控比特币网络,并监控其他冲突的交易。由于节点只接受第一笔交易,随后会拒绝与之冲突的其他交易,所以商家的交易理应首先被收到。如果支付处理公司看到了冲突的交易,就会通知商家交易有问题。当然,如果正确的那笔交易被正式接受了,商家可以选择给客户退款或者继续销售。

回复:比特币零食售卖机(快速交易问题)

中本聪,2010年7月17日,下午10:29:13

> 引自:Insti,2010年7月17日,上午02:33:41
> 比特币零食售卖机怎么工作?
> 1. 走到机器前。给它一枚比特币。
> 2. 这一步干什么?
> 3. 离开机器,享受美食。(获利!)
> 您不想等一个小时来确认交易。
> 售卖机公司不想送出去一堆免费糖果。
> 第二步到底是做什么的?

我相信支付处理公司有可能提供快速交易处理服务,在不超过10秒的时间内进行充分的检查。

网络节点只接受一笔交易的第一个版本,以将其合并到正在生成的区块中。当广播一笔交易时，如果其他人同时也广播了双重消费的交易，这就称为一场节点传播赛。如果一方的动作稍微早一些，就会几何级快速传播至整个网络到达大部分的节点。

一个粗略的简单例子：

1	0
4	1
16	4
64	16
80%	20%

因此，如果一笔双重消费慢一秒钟发出，就会承受巨大不利。

支付处理器与许多节点连接。当它收到一笔交易，立刻发送给这些节点，同时监控网络的双重消费。如果在监听的节点上收到一笔双重消费，那么它就发出交易警告。如果任意一个监听节点都没收到双重消费，则这笔双重消费也必然传播得不好。双重消费可能只能等到监听期结束，但是到那时，支付处理器的广播已经到达了大多数节点，或者在传播上遥遥领先，双重消费根本没希望在剩余节点里取得显著比例。

后来又有一组讨论涉及可扩展性和交易速度。中本聪把上面那组讨论又点了出来。

回复：可扩展性和交易速度

中本聪，2010 年 7 月 29 日，上午 02:00:38

> 引自：Red，2010 年 7 月 22 日，上午 05:17:28
> 我很好奇开发者对可扩展性的感受。例如，系统是否可

以处理一百万用户？这些用户每人每天平均做5笔交易，每天500万笔交易差不多相当于每十分钟35 000笔。

要在区块链的一百万个节点上传播35 000笔交易，是否存在瓶颈？系统是否就是这么设计的呢？

当前系统的每个用户都是比特币网络上的一个节点，这不是大规模下的预期配置。这就像每个Usenet用户都运行自己的NNTP服务器。在设计上支持让用户仅仅是用户。运行节点的负担越重，节点就越少。少量几个节点将会是大型服务器集群。剩下的就是只进行交易而不生产区块的客户端。

> 引自：bytemaster，2010年7月28日，下午08:59:42
> 此外，需要10分钟才能证明支付有效，这个时间太长了。需要像现在刷信用卡那样快才可以。

参见零食售卖机的讨论，我概述了支付处理器如何进行充分的支付验证，实际上真的非常好（欺诈率比信用卡要低得多），不超过10秒就可以完成。如果您不信或者不明白，那我也没时间来说服您，反正我信了。

http://bitcointalk.org/index.php?topic=423.msg3819#msg3819

48

比特币的维基百科条目

THE BOOK OF SATOSHI
THE COLLECTED WRITINGS OF BITCOIN CREATOR SATOSHI NAKAMOTO

在目前这种兴趣水平下，我们难以想象维基百科会考虑删除比特币条目。在这篇帖子发表时，比特币价格还不到 1 美元，但是却产生了足够的关注为维基百科文章正名。中本聪认为时机很奇怪，因为关于比特币的媒体报道在迅速增加。

回复：他们想删除维基百科文章

中本聪，2010 年 7 月 20 日，下午 06:38:28

引自：朱利奥·普利斯科（Giulio Prisco），2010 年 7 月 14 日，上午 07:21:08

http://en.wikipedia.org/wiki/Bitcoin

维基百科依据自己的删除政策，考虑删除这篇文章。请在待删除文章页的这篇文章的条目上分享您对此事的看法。

这篇文章需要在可靠的第三方出版物中出现的引用。直接来源或与此相关的来源资料通常不足以满足维基百科的要求。请从可靠的来源添加更适当的引用。

最近的 Slashdot 上的文章应该能被当成是可靠引用：http://news.slashdot.org/story/10/07/11/1747245/Bitcoin-Releases-Version-03

我现在不能编辑，有人能保存维基百科的文章吗？

比特币是戴维（Wei Dai）1998年在密码朋克（http://en.wikipedia.org/wiki/Cypherpunks）上提出的 b-money 提案（http://weidai.com/bmoney.txt），以及尼克·绍博（Nick Szabo）的比特黄金（Bitgold）提案（http://unenumerated.blogspot.com/2005/12/bit-gold.html）的一个实现。

这个时间点真奇怪，正好是我们上线以后在第三方的报道快速增加的时候。希望不要急于讨论完后下决定。维基百科通常给这样的问题留多长时间评论？

这也有助于精简这篇文章，让它尽快变得不那么像促销宣传。只需要让人知道比特币是什么，适用于电子货币领域的哪些场合，而不是去说服别人这是好东西。他们可能想要的只是在一般意义上分辨它是什么，而不想解释其工作原理。

如果您在 http://en.wikipedia.org/wiki/Wikipedia:Articles_for_deletion/Bitcoin 上发帖，请不要说"是啊，但是比特币真的很重要，很特别，所以现有规则不适用"或者争论现有规则是愚蠢的、不公平的。那只会让情况更糟糕。试着从满足规则的角度解决问题。

在谷歌上搜索"bitcoin"，看是否可以找到除资讯世界（infoworld）和 Slashdot 网以外的更多的重大引用。可能有一些记者们从 Slashdot 文章中了解到比特币；而且最近写了些新东西。

我希望别被删。如果被删了，以后就很难推翻这次决定。制度的动力就是坚持上一次的决定。

（编辑：或者至少我是这么假设的，世界通常是这样的，但是维基百科可能不一样。）

这篇文章在 7 月 31 日被正式删除，后来又恢复了。

回复：比特币维基百科页被删了！！！

em3rgentOrdr 发表，2010 年 7 月 31 日，上午 02:17:41

来自 http://en.wikipedia.org/wiki/Bitcoin

"此页已删除。下面提供了页面删除和移动的日志供您参考。

2010 年 7 月 30 日 10:42，北极星（Polargeo）（对话 | 投稿）删除了"比特币"（维基百科：删除帖 / 比特币）"

回复：比特币维基百科页被删了！！！

sirius 发表，2010 年 9 月 30 日，下午 04:45:26

可不可以做被删网页不同语言的版本，而不被删除？如果可以的话就开始做。我可以写芬兰语版本。

回复：比特币维基百科页被删了！！！

中本聪发表，2010 年 9 月 30 日，下午 05:50:32

如果您要做，我觉得应该做非常简短、大约百字左右的单段文章，简单地定义比特币是什么就可以了。

我倒是希望与其删掉文章，不如限制其篇幅。如果还不够知名，至少可以有一些文章来介绍它是什么。我经常会遇到烦人的红色链接，这是什么东西维基百科的人至少应该听说过。

这篇文章可以简单得像：

"比特币是一种点对点的分布式电子货币。"

更标准的维基百科应该把比特币作为电子货币或电子现金这样更概括类别的实例做一简单介绍。我们可能可以在那里创建一个段落。另外，尽量保持简短。只是说明它是什么。

回复：比特币维基百科页被删了！！！

ribuck 发表，2010 年 12 月 13 日，上午 11:23:41

看来这篇文章要被恢复了。但还有一点不断地被提到的是文章中有很多引用来自于本论坛。如果有人可以用没有明显利益冲突的网页引用来替换对本论坛的引用，那会是很大的帮助。

49

论盗用比特币的可能性

THE BOOK OF SATOSHI
THE COLLECTED WRITINGS OF
BITCOIN CREATOR SATOSHI NAKAMOTO

如前所述，比特币系统采用非对称加密，将公钥和私钥作为接收和授权使用比特币的机制。然而，中本聪决定使用公钥的哈希值而非公钥本身作为比特币地址。中本聪这么做有两个原因。一是减小每笔交易的长度，因为哈希值只有 160 位长。二是简单地提高了安全性，以防比特币所用的非对称加密算法中发现后门或安全缺陷。为了能使用比特币，黑客必须首先从哈希值中推导出公钥，然后从公钥中推导出私钥。关于该主题，《比特币杂志》有一篇优秀的文章。

本帖讨论了拥有大量算力的攻击者可以盗用存储在某个比特币地址的比特币的可能性。由于比特币区块链是公开账本，所以可以查到哪个地址有大量的比特币余额，攻击者因此可以专门攻击这些地址。

中本聪得出结论：这是相当困难的事，因为这需要暴力破解具有相同哈希值的公钥。这同时显示出与闭源代码相比，开源代码对安全的价值。

现在把讨论的重要部分，包括中本聪本人的完整帖子，重现如下：

盗取比特币

Red 发表，2010 年 7 月 25 日，下午 05:08:03

我认为目前的比特币软件有一个相当大的加密漏洞。我不确定现在是否可以利用（我并不是真正的黑客），但很快会显现出它的问题。

该漏洞将导致可以匿名窃取任何比特币地址的比特币。而且并不涉及求解任何保障现有加密系统安全的难题。仅仅是当前软件中"潜在"可纠正的逻辑缺陷。

我希望比特币成功，所以我不愿意在公共场合上串下跳，扯着嗓子高喊缺陷。是否有合适的地方专门讨论此类问题？

回复：盗取比特币

中本聪发表，2010年7月25日，下午05:45:22

最好您私下告诉我，这样可以先修复掉。

我刚给您发了电子邮件，其中有我的电子邮箱地址。（或您在这里私信我。）

回复：盗取比特币

中本聪发表，2010年7月25日，下午07:06:23

Red，感谢您先私下告诉我！请把它张贴出来以解除每个人的悬念！

他的观点是，给比特币地址付款的交易与哈希函数处于同样的安全水准。为了使比特币地址简短，地址为公钥的哈希值，而非公钥本身。攻击者只需要破解哈希函数,而不是椭圆曲线数字签名算法(ECDSA)。

回复:盗取比特币

Red 发表,2010 年 7 月 25 日,下午 07:09:43

谢谢聪,
这是我发给他的。

众所周知,公钥加密系统依赖于很难因式分解大素数的事实。如果分配给支出比特币的公钥结构完整,且在未来转账时需要提供相关的私钥签名,那我就承认比特币加密传输绝对安全。

然而,比特币交易似乎并不是这样运作的(据我的阅读)。交易将比特币支付给一个特别的"比特币地址"。这个地址是公钥的哈希值。

为了验证一笔交易,节点从签名中取得公钥,用以验证实际签名。如果签名有效,则对公钥进行哈希计算,确认哈希值与上一笔交易中分配的比特币地址相同。按照定义,如果两个都对上了,那么交易正常。

潜在的弱点在于将签名的公钥与比特币地址相关联。

公钥与特定哈希值之间存在着多对一的关系。现有一组安全的公/私钥对,其中公钥哈希成比特币地址,似乎很难找到创建这组密钥对的一对素数。

然而,并非必须找到这对素数。

您所需要的是可以代表公钥的任何数,其哈希值与已知比特币地址碰撞。它不必是基于素数的安全密钥对。只需要一次性地将赃款转移到另一个账户。这可能要容易得多。

有些哈希算法比其他种类更难碰撞。我不确定现在使用的哈希算法的强度。然而如果不需要关心哈希的内容,那么与任何一种哈希发生碰撞都容易得多。

由于公钥的性质,它们看起来像是随机数。据我所知,除非对公钥成功进行因式分解,否则无法知道该公钥是否建立在安全数学之上。因此,客户不会尝试。它们通常只是进行签名验证,并假定公钥是以安全的方式产生的。

注意:下面的分析需要由真正的黑客复核,IANACR。

因此,根据哈希算法的不同,可以使用某种必将出现的哈希碰撞算法,来生成碰撞数据块,用来代表一个公钥。然后通过公/私钥的逆运算,生成关联的(但几乎不安全的)私钥,用来产生有效的签名。

然后用这组不安全且易分解的密钥对生成匹配目标比特币地址的签名交易。

由于交易日志不能验证比特币打算用的完整公钥,只是简单假定就是该交易。

在区块列表中记录支付对象的完整公钥可以恢复预期的强度。然而,因此也丧失了大约34个字符地址的传输能力。

如果我说得完全不着调，很抱歉浪费了您的时间。

祝好！

Red

回复：盗取比特币

Red 发表，2010 年 7 月 25 日，下午 07:22:14

中本聪指出我提出的场景仍然需要破解哈希函数。确实如此，但我很惊讶地发现居然有人在这方面取得了这么大的成功。MD4 和 MD5 就是明显的例子。但是寻找 SHA-1 和同系列的 SHA-256 等算法碰撞的工作还在进行中。

比特币在这部分用了哪种哈希？

他还怀疑，除了生成的密钥对之外，还有其他可以使用的手段。

在这点上，我很自信这只是个简单的数学问题。直到我听到文档"盲签"，才给予了足够的重视。

居然可以拿一个文档与一个随机数相乘。然后让人为这份打乱的文件签名。最后，用签名除以随机数，结果仍然是原始文档的有效签名。谁会知道这也行！

密钥对只有在基于素数对时才是安全的。如果不是基于素数，运算过程也没有变化。只是密钥更容易因式分解。

我很乐意有密码学高手跳出来证明我是个白痴。这影响了我以前一个项目的一些特性，它们也依赖相同的关联关系。我那时候也没想到这点。

回复：盗取比特币

knightmb 发表，2010 年 7 月 25 日，下午 07:34:42

非常好！这是我喜欢开源的另一个原因。

下面是我的理解，如果我错了请纠正。

由于公钥哈希值比公钥本身要小，所以只需要找到匹配哈希的公钥碰撞，当发现哈希的碰撞时，就知道了公/私钥组合。然后，只需要使用已知地址的比特币，其他客户端会认为这是一笔有效的转账，因为客户端只关心您的哈希值与受害者的相同，这笔交易就被永久记录了。

当前哈希值的长度是 35 个字符，共有 62 种字母数字组合：

大写字母 26 + 小写字母 26 + 数字 10 = 62 种字母数字组合

所以会有 541 638 008 296 341 754 635 824 011 376 225 346 986 572 413 939 634 062 667 808 768 种可能的组合。

比起暴力破解公/私钥，我们仍然长路漫漫。请不要杞人忧天了。

回复：盗取比特币

knightmb 发表，2010 年 7 月 25 日，下午 07:44:02

> 引自：Red，2010 年 7 月 25 日，下午 07:22:14
> 中本聪指出，我提出的场景仍然需要破解哈希函数。

确实如此，但是我很惊讶地发现居然有人在这方面取得了这么大的成功。MD4 和 MD5 就是明显的例子。但是寻找 SHA-1 和同系列的 SHA-256 等算法碰撞的工作还在进行中。

但他们忘记了"产生碰撞"也需要大量的 CPU 时间。

如果发现公钥 123456 生成哈希值 ABCD,公钥 654321 也生成了 ABCD。

我还是没有私钥。

但按照您的说法,只需要公钥 654321,就可以假装是公钥 123456 去盗用他的比特币了。

回复:盗取比特币

Red 发表,2010 年 7 月 25 日,下午 07:52:23

据我所知,比特币使用了一种 160 位的哈希算法来生成比特币地址。

SHA-1 系列哈希算法是最常用的一种 160 位的哈希算法。

这里有篇文章声称用 2^{52} 次以内的密码操作找到了 SHA-1 碰撞。优化过的安全哈希则需要 2^{80} 次。虽然 2^{52} 次很大,但已进入集群和僵尸网络的算力范围。

http://www.ictlex.net/wp-content/iacrhash.pdf

在笔记本电脑上几秒内就能破解 MD5 哈希。这就是为什么它已退出证书签名领域。

是的，我想说的是"我认为"可以把公钥想象成两个秘密数字以数学方式结合在一起。而私钥则是这两个数保持分开。要确保系统安全，需要那两个秘密数是很大的两个素数。

但是，如果这两个秘密数字是很大的非素数，组合运算仍然有效，只是破译算法要快得多。

我会在谷歌上多搜索些，看是否能证实我的说法。还是希望有人会马上把我驳倒。

回复：盗取比特币

中本聪发表，2010年7月25日，下午08:01:40

引自：knightmb，2010年7月25日，下午07:44:02

如果我发现公钥123456生成了哈希值ABCD，公钥654321也生成了ABCD。

我还是没有私钥。

但按照您的说法，只需要公钥654321，就可以假装是公钥123456去盗用他的比特币了。

还是要用公钥654321来签名。在用公钥寻找碰撞时还需要知道它的私钥。

当您要处理一个基于比特币地址的交易时，从中拿出与哈希值匹配的公钥，然后必须用该密钥来签名。

Red的观点是，找到碰撞后可以很容易快速生成不安全的公钥，破解这些公钥就可以找到对应私钥。

他指出如果要求公钥也必须安全，那就必须耗费大量工作才能找出素数的安全密钥，那会在单独哈希函数之上增加强度。企图暴力破解的人每次就得花更多时间来尝试生成密钥。

回复：盗取比特币

knightmb 发表，2010 年 7 月 25 日，下午 08:20:41

> 引自：中本聪，2010 年 7 月 25 日，下午 08:01:40
>
> 还是要用公钥 654321 来签名。在用公钥寻找碰撞时还需要知道它的私钥。
>
> 当您要处理一个基于比特币地址的交易时，从中拿出与哈希值匹配的公钥，然后必须用该密钥来签名。
>
> Red 的观点是，找到碰撞后可以很容易快速生成不安全的公钥，破解这些公钥就可以找到对应私钥。
>
> 他指出如果要求公钥也必须安全，那就必须耗费大量工作才能找出素数的安全密钥，那会在单独哈希函数之上增加强度。企图暴力破解的人每次就得花更多时间来尝试生成密钥。

是的，我认为必须在某处把私钥加进去。这相当于增加了另一项随机性，必须找到与另一个公钥发生碰撞的哈希值，同时私钥也要弱到容易破解。我并没说这不可能，但是这在反向碰撞寻找中引入了两个变量。

基本上，攻击者会构建一个弱私钥的彩虹表，然后必须将其与公开的哈希值比较，希望某人有一个哈希值刚好是这次攻击的一部分。当然这样也并非不可能，但即使计算机在 10 年内快了 100 倍，那可行性又有多大呢？

编辑：重读了您的帖子，公钥是从私钥生成的，而不是独立的。所以只找到弱公钥是有问题的。

回复：盗取比特币

中本聪发表，2010 年 7 月 25 日，下午 08:48:01

引述

这里有篇文章声称用 2^{52} 次以内的密码操作找到了 SHA-1 碰撞。优化过的安全哈希则需要 2^{80} 次。虽然 2^{52} 次很大，但已进入集群和僵尸网络的算力范围。

如果使用生日攻击可以达到 2^{80} 次。但是这种场景下不能用生日攻击，所以难度就是全部 2^{160} 位。但是，如果要破解 100 万（2^{20}）次交易中的任意一个，就能做到部分生日攻击 $2^{160} / 2^{20} = 2^{140}$。

比特币地址是使用 160 位哈希算法的唯一场景。其他都使用 SHA-256。它们的计算方法是：

bitcoinaddress = RIPEMD-160（SHA-256（publickey））

如有错误请指正，但我认为在这种情况下很难对 RIPEMD-160 采取分析攻击。分析攻击针对输入尝试的范围或模式做定义，可以极大地提升找到碰撞的机会。而在这里，我们对 RIPEMD-160 的输入没有那种控制办法，因为输入是 SHA-256 算法的输出。如果分析攻击帮助你找到了令 RIPEMD-160 产生碰撞的输入，那你该怎么办呢？还得让 SHA-256 输出该值，仍然还要破解 SHA-256。

对暴力破解，RIPEMD-160 (SHA-256 (x)) 的强度不高于单独使用 RIPEMD-160。但对于分析攻击，似乎必须同时对 RIPEMD-160 和 SHA-256 进行破解。如果我搞错了，那么强度就与 RIPEMD-160 相同，而 SHA-256 只作为一层密钥加固。

回复：盗取比特币

Red 发表，2010 年 7 月 25 日，下午 09:04:01

> 引自：中本聪，2010 年 7 月 25 日，下午 08:48:01
> bitcoinaddress = RIPEMD-160（SHA-256（publickey））
> 如有错误请指正，但我认为在这种情况下很难对 RIPEMD-160 采取分析攻击。

我认为您对分析攻击的理解是对的。至少根据我对正在作此分析的数学天才们的有限理解。

我过去曾经担心以下计算过于简单：
bitcoinaddress = RIPEMD-160（publickey）

回复：盗取比特币

Red 发表，2010 年 7 月 25 日，下午 09:19:11

这是我理解的方式。

给定两个数 p 和 q。对于 RSA 来说，应该是大素数。

有 n = p * q。

公钥有 (n, e) 两个字段。e 称为公钥指数，似乎来自于一组常用值。

私钥有 (n, d) 两个字段。d 称为私钥指数，从已知的 e、p - 1 和 q - 1 推导出来。

复杂之处在于很难将 n 分解为 p 和 q。因此找出 p - 1 和 q - 1 也就同样困难。

假设，如果 n 为任意值，而 e 是一个常用值，那么就会有很多个不同的 p、q 对可以用。素数越少，就越容易找到 p 和 q，以及 p - 1 和 q - 1。如果有大量任意数，就会在寻找哈希碰撞值时有很大的灵活性。

（在这点上可能我完全是胡说八道。我对它真的很感兴趣，希望有密码高手了解得比我更清楚些。）

我曾读过，密钥生成算法创建了 p 和 q，它们 "非常可能是素数"，但是要确定这点需要耗费很大的工作量。这使我相信非素数不会导致任何明显的错误。不过可能我是错的。

回复：盗取比特币

中本聪发表，2010 年 7 月 25 日，下午 10:27:36

抱歉，实际上用的是 ECDSA（椭圆曲线数字签名算法），而不是 RSA。我不应该提到"素数"。ECDSA 生成密钥对不会花很多时间。

回复：盗取比特币

Red 发表，2010 年 7 月 26 日，下午 12:46:04

> 引自：中本聪，2010 年 7 月 25 日，下午 10:27:36
> 抱歉，实际上用的是 ECDSA（椭圆曲线数字签名算法），而不是 RSA。我不应该提到"素数"。ECDSA 生成密钥对不会花很多时间。

哪天我要好好学学椭圆曲线算法，今天就算了。在大学时我应该多选一些有限数学的课。书到用时方恨少啊！

顺便赞一下中本聪的比特币创意和实现！

它开启了一个充满可能性的全新世界。我特别喜欢不依赖信任的分布式协议的概念。我认为这是个突破性的概念。

此外，我认为比特币挖矿的想法太精彩了！我怀疑可能没有其他方法可以引导网络了。我不认为现在发币采用了"公平的方式"，但这世界本来就是不公平的！而且，我真的认为没有任何其他方式会让用户如此之兴奋。

另外，我承认从我之前的假设中找不到盗取比特币的线索。在我看来是双重哈希机制起了作用。干得好！

最后，我仍然想知道，如果使用非素数生成 RSA 密钥会发生什么。我估计还有其他系统没有使用双重哈希。

回复：盗取比特币

Bitcoiner 发表，2010 年 7 月 27 日，上午 02:01:16

很高兴有 Red 这样的人，一直睁大眼睛关注事态！这组讨论也让我欣赏开源软件，因为这个论坛上有这么多聪明和热情的人，可以验证软件并为它额外增加了一层信任。如果比特币是闭源软件，真不确定会不会这么成功！

回复：盗取比特币

bytemaster 发表，2010 年 7 月 28 日，下午 09:42:17

在我看来，降低任何潜在攻击风险的明显方案是让潜在的"回报"变小。因此，不要在一个地址中存放太多比特币。如果"奖品"的经济价值小于破解它的成本，那么没人会费心尝试。此外，我仍然认为最好的办法是尽可能提高破解难度。

回复：盗取比特币

knightmb 发表，2010 年 7 月 28 日，下午 10:45:16

同时需要计算、存储能力和运气，当然是很困难的了。

即便发现了一个碰撞及私钥，那也没什么用，因为还需要从 541 638 008 296 341 754 635 824 011 376 225 346 98

6 572 413 939 634 062 667 808 768 种可能的组合中，找到一个在用的用户账号来关联。

  再次审视这个问题。我在哈希值中发现了碰撞，并且找到了私钥。现在我希望自己运气好，有人正好在使用那个哈希值。由于可用的哈希账号数量大于这个星球人口的一百万倍，从本质上说，虽然这种攻击很有意思，但大规模实施不可行。

50

发现重大缺陷

THE BOOK OF SATOSHI
THE COLLECTED WRITINGS OF
BITCOIN CREATOR SATOSHI NAKAMOTO

50 • 发现重大缺陷

在比特币软件/协议中发现了一个重大缺陷,它允许支付者发送无效交易,在其中支付者创建了新的比特币。在该问题修复时,已经创建了几百万枚无效比特币。后来从区块链中清除了这些比特币。

警报:升级到 0.3.6 版

中本聪发表,2010 年 7 月 29 日,下午 07:13:06

请尽快升级到 0.3.6 版!我们修复了一个实现错误,即虚假交易有可能显示为已接受。在升级到 0.3.6 版之前,请勿接受比特币付款交易!

如果不能马上升级到 0.3.6 版,最好关闭该比特币节点,直到升级完毕。

0.3.6 版中还实现了更快的哈希算法:

▲ 中间状态的缓存优化(感谢 tcatm)。

▲ Crypto++ ASM SHA-256 (感谢 BlackEye)。

总体生成速度提高了 2.4 倍。

下载链接:

http://sourceforge.net/projects/bitcoin/files/Bitcoin/bitcoin-0.3.6/

Windows 和 Linux 用户:如果您下载的是 0.3.5 版,还是需要升级到 0.3.6 版。

51

关于洪水攻击的防御

THE BOOK OF SATOSHI
THE COLLECTED WRITINGS OF
BITCOIN CREATOR SATOSHI NAKAMOTO

本章提出的关注点相当于比特币网络的拒绝服务（DoS）攻击，由一个实体发出数百万笔交易，每次汇出一小笔钱，例如 1 聪（0.000 000 01 枚比特币）。这组讨论比其他的更具技术性，且并非讨论中的所有帖子都复制到了这里，这里只有主题相关的以及中本聪本人所关注的问题。

洪水攻击——0.000 000 01 比特币

Mionione 发表，2010 年 7 月 12 日，下午 12:04:24

如果有人向数百万个地址同时发送 0.000 000 01 枚比特币，会发生什么事？

▲ 所有的网络节点都必须存储所有的交易吗？

▲ 每个 0.000 000 01 比特币的所有者/哈希都存储在所有节点的区块里吗？

我不太理解比特币如何处理小额比特币。

回复：洪水攻击——0.000 000 01 比特币

加文·安德森发表，2010 年 7 月 12 日，下午 12:08:45

这是从源代码里摘录出来的：

main.h:// 为了限制垃圾支付，对任何小于 0.01 比特币的转出需要收取 0.01 比特币费用。

回复：洪水攻击——0.000 000 01 比特币

llama 发表，2010 年 7 月 12 日，下午 02:23:46

呃，我没想到里面居然有这个，我真的不喜欢这种方法。
这极大破坏了使用比特币进行真实小额支付的可能性。让客户端忽略垃圾支付发送者的 IP 不是更好吗？当然，攻击者还是能发出很多，但是到不了百万量级。

回复：洪水攻击——0.000 000 01 比特币

加文·安德森发表，2010 年 7 月 12 日，下午 02:45:54

但是如何区分合法的小额支付处理 IP 和一个"让比特币耗费的带宽太多，都没人愿意再用它"的垃圾支付 IP？

真正的小额支付在我看来是非常麻烦的问题，我认为比特币不应该一下子解决太多过于棘手的问题。

回复：洪水攻击—0.000 000 01 比特币

Insti 发表，2010 年 8 月 4 日，下午 02:58:31

0.01 枚比特币交易费要解决的"垃圾支付"到底是什么？
在我看来弊大于利，因为这阻碍了像 bytemaster 所建议的小额支付的实现。

我并没感觉到网络在现有交易量的压力下变得拥堵。

想要进行大量交易可以通过向自己大量发送 x 枚比特币来实现这一点。

回复：洪水攻击——0.000 000 01 比特币

中本聪发表，2010 年 8 月 4 日，下午 04:25:36

> 引自：Insti，2010 年 8 月 4 日，下午 02:58:31
> 在我看来弊大于利，因为这阻碍了像 bytemaster 所建议的小额支付的实现。

比特币现阶段并不适用于交易额非常小的小额支付。不适用于像单次付费搜索或按页付费浏览这样没有聚合机制的情况，也不适用于支付需求小于 0.01 比特币的情况。垃圾支付限制是有意阻止这类小额支付的首次尝试。

比特币进行小型交易的可行性超过了现行法定货币。小到可以包括小额支付区间的所谓的顶部。但不会宣称可以进行任意小的小额支付。

回复：洪水攻击——0.000 000 01 比特币

中本聪发表，2010 年 8 月 5 日，下午 04:03:21

忘了加上关于小额支付好的一面。虽然我认为比特币现在不适合做特别小额支付，但最终会随着存储和带宽成本的持续下降而变得可行。如果比特币发展到很大的规模，可能时机就到了。另一种让特别小额支付更为可行的方法是实现纯客户端模式，而且把网络节点的数量合并，形成较少数量的专业服务器集群。这样无论需要什么额度的小额支付，最终都将可行。我认为 5 到 10 年内，带宽和存储的成本将显得微不足道。

我并不是说网络可以免受 DoS 攻击的影响。但我认为大多数 P2P 网络都会以多种方式受到 DoS 攻击。（旁注：我了解到唱片公司想对所有的文件共享网络发起 DoS 攻击，但他们不想触犯反黑客/反滥用法律。）

如果我们开始遭受大量垃圾交易的 DoS 攻击，那就需要开始支付 0.01 枚比特币的最低交易费用。0.1.5 版实际上就有一个选项做该设置，但我把它去掉了，以降低对用户的困扰。自由交易很美好，如果大家不滥用，可以保持下去。

这就提出了以下问题：如果每笔交易至少有 0.01 的费用，当费用正好是 0.01 的时候，是否应该自动把手续费加上？每次都问用户会很烦人。如果有 50 枚比特币，发出去 10 枚，接收者会得到 10 枚，剩下 39.99 枚比特币。我认为这时就该自动加上手续费。比起很多其他类型服务的自动费用添加，这简直微不足道。

引自：FreeMoney，2010 年 8 月 4 日，下午 07:30:32
包括降低哈希速率吗？
没有，一点也没有。

回复：洪水攻击——0.000 000 01 比特币

中本聪发表，2010 年 8 月 5 日，下午 04:30:20

> 引自：bytemaster
> 通常会提前支付，比如说每次一枚比特币，当断开连接，所有"零钱"会退回来。这条规则使得无法为没有进一步交易的简单"搜索查询"进行支付。

一种替代方案是使用一个汇总系统。例如，每次购买1000页或1000张图或1000次下载或1000次搜索等。当1000页用完了，再购买1000页。如果只要用到1页，就会剩下999页再也用不上了，但也没什么大不了，因为每千页的花销仍然很小。

或者按天付费。首次访问网站的那一天，支付24小时的访问权限费。

每千页或每天的收费方式对客户来说可能更容易搞清楚。按件计费的方式让人焦虑，如果费用数字跳得太快，客户很难算清楚。24小时无限制使用，他们就会清楚要花多少钱。或者，如果1000次看起来非常多，估计超过了他们可能的使用量，他们也不会担心每次点击都要多花钱。

回复：洪水攻击——0.000 000 01 比特币

中本聪发表，2010 年 8 月 5 日，下午 04:39:58

> 引自：bytemaster，2010 年 8 月 5 日，下午 03:39:19

解决这个问题的唯一办法是让交易的广播"不免费"。也就是说，如果想让我收集区块，就得付给我钱。最终结果是，每个客户端需要给其他客户端付钱，甚至那些接收交易的客户端，而不仅仅是把交易收入区块的那个客户端。这样，经济规律起主导作用，没人能在交易广播系统上搭便车了。

我不知道应该如何实现这一点。留给区块创建者的交易费使用了特殊的技巧，在不增加额外空间的情况下包含了交易费用。如果每笔交易费也要由交易完成，那么发放交易费用的交易又要怎么收取交易费呢？

回复：洪水攻击——0.000 000 01 比特币

中本聪发表，2010 年 8 月 5 日，下午 05:49:43

> 引自：bytemaster，2010 年 8 月 5 日，下午 04:46:52
> 现在是交易费地址"空着"不填，由区块生成者填写。这种情况下您想让谁创建区块就要填上他的地址。

如果您想指定一个人来创建这个区块，那可能要花好几天。您的意思是给每个节点发送不同的交易费用吗？

现在的方式是谁创建区块谁拿钱。

如果有需要，可以为交易广播设计一套与比特流风格相反的机制。要么把支付交易转发给我，要么就不再转发这些交易。不过，在实际中这可能不是个问题。只需要一个中继节点，就能抵消掉 7 个不转发的贪婪节点的影响。

回复：洪水攻击——0.000 000 01 比特币

中本聪发表，2010 年 8 月 11 日，下午 11:28:50

最好尽可能长时间保持 blk*.dat 文件很小。

最终方案将不在意该文件的大小。

但在现阶段，虽然它仍然很小，还是最好继续保持这么小，这样新用户可以更快进入。等最终实现了纯客户端模式，这一点就不那么重要了。

交易费方面还有更多的工作要做。在洪水攻击情况下，仍然可以通过支付 0.01 的交易费用，让交易跳过队列进入下一个区块中。然而，我还没有功夫在用户界面中添加该选项。

不管多大规模，测试网络将以相同方式作出反应，但是浪费的带宽少很多，也没那么烦人。

52

比特币水龙头排水

THE BOOK OF SATOSHI
THE COLLECTED WRITINGS OF
BITCOIN CREATOR SATOSHI NAKAMOTO

随着比特币价值的提升,比特币水龙头(参见第 42 章)变得越来越有吸引力。加文·安德森报告说,自从他创造了比特币水龙头,比特币的价值增加了 10 倍。

哪个西班牙混蛋把水龙头的水放干了?

加文·安德森发表,2010 年 8 月 4 日,下午 08:40:55

> 我刚关闭了 freebitcoins.appspot.com 网站;好像是有个来自西班牙的人特别混蛋,换 IP 地址、比特币地址,绕过了验证码验证。不断地来领比特币:
>
> 代码:
>
> ```
> 79.154.133.217 - - [04/Aug/2010:12:46:55 -0700]
> "POST / HTTP/1.1" 200 1294 "https://freebitcoins.appspot.com/"
> "Opera/9.80 (Windows NT 6.0; U; es-LA) Presto/2.6.30 Version/10.60,gzip(gfe)"
>
> 79.146.112.13 - - [04/Aug/2010:12:45:20 -0700]
> "POST / HTTP/1.1" 200 1294 "https://freebitcoins.appspot.com/"
> "Opera/9.80 (Windows NT 6.0; U; es-LA) Presto/2.6.30 Version/10.60,gzip(gfe)"
>
> 81.44.159.81 - - [04/Aug/2010:12:42:20 -0700]
> "POST / HTTP/1.1" 200 1294 "https://freebitcoins.appspot.com/"
> "Opera/9.80 (Windows NT 6.0; U; es-LA) Presto/2.6.30 Version/10.60,gzip(gfe)"
> ```

那些IP地址都映射到西班牙电信。如果那个混蛋就是你：请把比特币还到这个地址：15VjRaDX9zpbA8LVnbrCAFzrVzN7ixHNsC

现在5枚比特币稍微值点钱了，我需要更多的反作弊手段。有四件事可做：

1. 基于IP地址首字节限速（在这种情况下是79. 或81.）。

2. 基于用户代理限速（在这种情况下是"Opera/9.8…"）。

3. 根据IP地址反向解析域名，以域名的最后两节限速（如rima-tde.net）。

4. 将标准发放金额调整为0.5枚比特币（自计划开始，比特币已升值10倍）。

如果受到限制，您会收到一条明天再试的消息。

BitcoinFX：再次感谢您对水龙头计划的捐赠；我要暂时将水龙头的比特币数量减少到500枚以下，在新的反作弊措施到位后，再把您的捐赠放进来。

回复：哪个西班牙混蛋把水龙头的水放干了？

中本聪发表，2010年8月5日，下午17:06:03

> 沉默中灭亡太糟糕了。
>
>> 引自：加文·安德森，2010年8月4日，下午08:40:55
>> 1. 基于IP地址首字节限速（在这种情况下是79. 或81.）。
>
> 绝对需要。你想限制到多少？反正限速比全部耗尽好。

引自：加文·安德森，2010年8月4日，下午08:40:55

3. 根据 IP 地址反向解析域名，以域名的最后两节限速（如 rima-tde.net）。

这个办法可能会出奇得好。如果这样可行，他们就无法触达限速，不过还是需要用限速来作为最后一道防线。

引自：加文·安德森，2010年8月4日，下午08:40:55

4. 将标准发放金额调整为 0.5 枚比特币（自计划开始，比特币已升值 10 倍）。

绝对是时候降低发放金额了。

53

以 IP 而不是比特币地址
完成交易

最开始考虑过把交易发送到 IP 地址而不是比特币地址（或是作为补充）。

把比特币交易发送到 IP 地址

lfm 发表，2010 年 8 月 5 日，下午 02:22:14

我不知道如何用比特币系统的命令将交易发送到 IP 地址。有这个功能吗（在 64 位 Linux 环境下）？

回复：把比特币交易发送到 IP 地址

中本聪发表，2010 年 8 月 5 日，下午 05:28:40

这个功能还没实现。

事实证明没人喜欢这种汇款方式，所以也没得到太多的关注。

54

论托管与多重签名交易

THE BOOK OF SATOSHI
THE COLLECTED WRITINGS OF
BITCOIN CREATOR SATOSHI NAKAMOTO

比特币协议中包含需要多重签名的交易，这种类型的交易也可用于托管服务。例如可以有三个签名密钥，但签署交易时只需要其中的两个就可以。在这种情况下，第一个归付款人，第二个归收款人，第三个归托管代理人。如果没有争议或冲突，付款人和收款人便可签署交易，于是收款人就能收到资金。

如果发生争议，托管代理人将要审查争议以决定支持付款人还是收款人，并由决定支持的一方签署交易。这与银行支票类似，需要付款人、收款人和托管代理人三人当中任何两人签名方有效。现在确实存在比特币交易的托管服务。下面三组帖子包含了关于如何处理托管以及托管对比特币影响的讨论。

一种半自动托管机制的提案

Olipro 发表，2010 年 7 月 30 日，下午 07:29:08

托管的基本工作是由两个人通过第三方进行货物或服务的交换。

在交易双方都诚实的情况下，托管业务基本上可以自动完成，因为买家收到商品就会批准付款，只有在发生争议时才需要第三方介入。因此我提出以下的规则：

1. 产生一笔给定数额的托管交易，用您的密钥为该笔交易授权，而且该交易所在的区块包含接收方的密钥和数据，直到买家发出的后续区块批准，才能取走该区块中的资金，没有卖家批准，买家也无法收回这笔钱。

  2. 进入网络的交易得到验证后，卖家即发出商品，一旦买家收到货物，就会创建一条放款交易，卖家从而得到比特币。

  3. 如果发生纠纷，双方拒绝以某种方式放款，这种情况显然有必要由第三方来仲裁，此时需要由买卖双方共同签名授权第三方，将原托管交易的所有权移交给第三方，然后由第三方仲裁。

回复：一种半自动托管机制的提案

中本聪发表，2010 年 8 月 5 日，下午 06:08:30

  可以提供一种需要两个签名才能支付比特币的交易。产生一笔需要由付款方和收款方双方签名方可支付的款项。要解除托管，您为收款方提供您的一半签名，收款方也可以提供给您他的一半签名以退回这笔款项。这个简单案例没有中介。唯一可依靠的就是拒绝放款，实质上等同于把这笔钱烧掉。

回复：一种半自动托管机制的提案

中本聪发表，2010 年 8 月 7 日，下午 08:04:59

> 引自：jgarzik，2010 年 8 月 5 日，下午 07:00:30
> 因为资源问题，这种交易不太可能用作托管机制。

真的吗？您认为人们不能理解其中的好处吗？（如果您的回答是根本没有任何好处，那我估计别人可能也都无法理解。）

中本聪在这里创建了一个关于托管处理的专门讨论帖。

托管

中本聪发表，2010 年 8 月 7 日，下午 08:13:52

这里将概述可能由软件实现的托管交易。这尚未实现而且近期可能也没时间去实现，只是想让你们知道存在着哪些可能性。

基本托管：买方将一笔支付款进行托管。卖方收到一笔支付款处于托管中的交易，除非买方解锁，否则卖方无法使用这笔款项。买方可以在任何时候解除托管放款，当然也可以永不放款。也不允许买方收回款项，但确实给了他为泄愤不放款而烧掉钱的选择。卖方有权将钱退回买方。

虽然这种制度并不能保证各方不受损失，但它确保作弊行为无法从中获利。

卖方不发货就不会收到货款。买方仍然拿不回钱，但至少卖方不存在诈骗的金钱动机。

买方不能因为无法付款而获益。他无法收回托管的钱。也无法由于余额不足而付款失败。卖家可以看到这笔款项已经与自己的密钥绑定，无法再发给其他人。

经济学家现在会说奸商可能会开始谈判，比如"只要放款，我就会把一半还给你"，但是在那个时候已经毫无信任可言，满腔怒火对谈判无补。如果这个骗子已经违背承诺,又怎么可能信守给你一半的承诺?我认为只要金额不是太大,原则上几乎每个人都会拒绝。

回复:托管

jgarzik 发表,2010 年 8 月 7 日,下午 09:25:40

我认为买方除了烧掉钱外没有别的办法,这会限制它的使用。

回复:托管

aceat 64 发表,2010 年 8 月 8 日,上午 02:55:59

> 引自:jgarzik,2010 年 8 月 7 日,下午 09:25:40
> 我认为买方除了烧掉钱外没有别的办法,这会限制它的使用。

也许我们可以引入一种仲裁的方式。如果买卖双方都同意,这笔钱可以转给第三方。由第三方来仲裁,是把钱还给买方,还是交给卖方,或由第三方骗走(显然您要选择一个值得信赖的仲裁人)。

回复:托管

jgarzik 发表,2010 年 8 月 8 日,上午 03:58:03

> 引自:aceat 64,2010 年 8 月 8 日,上午 02:55:59

> 引自：jgarzik，2010 年 8 月 7 日，下午 09:25:40
>
> 我认为买方除了烧掉钱外没有别的办法，这会限制它的使用。

> 也许我们可以引入一种仲裁的方式。如果买卖双方都同意，这笔钱可以转给第三方。由第三方来仲裁，是把钱还给买方，还是交给卖方，或由第三方骗走（显然您要选择一个值得信赖的仲裁人）。

这就是现在网上托管业务的运作方式。买卖双方同意让第三方实际持有这笔钱。买卖双方都认可中立的第三方将遵循的交易解决和赎回规则。由中立的第三方将资金支付给其中一方。

这里有一个很不错的概述：

https://www.escrow.com/solutions/escrow/process.asp

可能会有人选择使用比特币专用的签名托管方法。但我认为"烧钱"会成为完全避免使用比特币托管的动力，而不是诚实地使用比特币托管。

回复：托管

aceat 64 发表，2010 年 8 月 8 日，上午 05:49:44

我喜欢这组讨论中 Olipro 的建议：http://bitcointalk.org/index.php?topic=645.0。

买卖双方都将等量的比特币放入托管账户，除非买方签字，卖方不能取回这两笔钱。如果双方都同意，可以选择将资金返回原所有人，或两笔钱都转给双方商定的仲裁人。他建议仲裁人只有买方那一半的控制权，我的看法稍有不同，我认为应由仲裁人控制双方钱款，这样双方在该问题上均有比特币利益。

回复：托管

jgarzik 发表，2010 年 8 月 10 日，下午 06:53:57

> 引自：nimnul, 2010 年 8 月 10 日，下午 05:51:49
> 中本聪的解决方案很好，因为如果客户可以拿回自己的钱，对卖方来说这会是个大问题。看看网上信用卡支付和退款的现状。退款是卖方心中的痛，比特币必须竭力避免。

问下真实的商家是否愿意告诉客户：这笔钱可能永远消失，谁都拿不回。

回复：托管

nelisky 发表，2010 年 8 月 10 日，下午 08:20:36

无论选择什么样的托管技术，根据定义，我认为托管始终需要可信的实体。在我看来，当进展顺利时，自动化的工作流足够简单：

▲ 买方把比特币发送给托管账户，并指明收款人的地址。

▲ 卖方看到托管账户中的比特币后，注明比特币将发往的

地址。
- ▲ 买方把款放给卖方。
- ▲ 托管账户会在 x 天后自动完成放款。
- ▲ 双方均可提出申诉。

而这些是我会实现自动化的全部。当出现问题时，双方都应该向托管方支付费用（这笔费用可以在开户时提前支付？），这样每个人都会有一些损失。那么托管方就必须进行调解。

因为存在费用和调解人，所以长远而言成功欺诈可能没有什么经济价值。托管方的理想人选是已经赢得信任的人，如果都是在本地，我们中的一些"普通人"可能为了赚取一点费用就会袒护一方。

虽然烧钱的方案在防止经济欺诈行为方面有效，但却不能阻止报复，而且如果一方不诚实，实际上会让每个人都遭受损失。我肯定不赞同这种方法。

回复：托管

中本聪发表，2010 年 8 月 11 日，上午 01:30:02

> 引自：jgarzik，2010 年 8 月 10 日，下午 06:53:57
> 问下真实的商家是否愿意告诉客户：这笔钱可能永远消失，谁都拿不回。

这句话听起来好像钱会莫名其妙就没了，而且即使双方想合作也拿不回来。

买东西时付了钱就不能把钱拿回来的。顾客似乎觉得这样挺好的。我提的方案不比这个差。

任何一方都可以选择放款给另一方。

> 引自: nelisky, 2010年8月10日, 下午08:20:36
> 虽然烧钱的方案在防止经济欺诈行为方面有效, 但却不能阻止报复, 而且如果一方不诚实, 实际上会让每个人都遭受损失。我肯定不赞同这种方法。

那您也必须反对普遍的先付款制度, 这种情况会造成顾客损失。

预先付款: 顾客损失, 小偷拿到钱。简单托管: 顾客损失, 但小偷也没拿到钱。

你们的意思是不是先付款更好, 因为至少小偷可以拿到钱了, 所以至少有人可以拿到钱?

设想有人偷了您的物品。您拿不回来, 但是假设物品有可以远程触发的自毁开关, 您会这么做吗? 小偷知道您所有的每件物品都有自毁开关, 即使他们偷了也毫无用处, 当然您还是找不回来, 这是不是件好事呢? 如果他们归还了赃物, 您还可以重新激活。

设想如果黄金被盗将变成铅。当小偷归还后又变回黄金。

在我看来, 问题可能是如何正确地表达。首先, 从博弈论的角度, 对"烧钱"理解不要过于直接。这笔钱从未被真正地烧毁。可以在未来随时释放。

回复：托管

ribuck 发表，2010 年 8 月 11 日，上午 11:13:12

> 引自：Inedible，2010 年 8 月 11 日，上午 01:52:53
>
> 我对无法减轻交易过程中的恶意感到遗憾，目前只有"烧毁"付款和永不发货两种手段。
>
> 下面只不过是做恶的虚构案例，但真实的威胁仍然存在。
>
> 例如：
>
> A 出售笔记本电脑。
>
> B 请求购买并托管了 2000 枚比特币。
>
> A 声称发货但从未发货。
>
> B 从未收到货，所以不释放比特币。
>
> A 并不在乎，因为意图就是要让 B "支付"比特币却毫无回报。

对这个案例你是怎么想：

A 出售价格为 2000 比特币的笔记本电脑，并托管了 2500 比特币作为抵押。

B 提出购买并托管了 2500 比特币。

A 确认货物已寄出，但实际上一直没送。

B 一直没收到货，所以一直不释放比特币。

A 现在在乎了，因为他有 2500 枚比特币作为抵押处于托管中。

因此发出笔记本电脑符合 A 的利益，否则他将会损失抵押的 2500 枚比特币。确认收到笔记本电脑也符合 B 的利益，否则他也会损失"额外的"500 枚比特币。

尴尬的情况是，如果 A 和 B 都是诚实的，但是没有投保的快递服务把笔记本电脑搞丢了或损坏了，或交易一方在解除托管之前死亡。

后来又出现了以下一组讨论。

如何进行分布式比特币托管服务？

harding 发表，2010 年 9 月 26 日，上午 01:16:18

概要：赋予比特币分布式托管的能力将使其优于所有其他的交换媒介，这有可能会提高其采用率。详情如下。

对于**分布式货币**，集中式的托管似乎是比特币今天的标准。例如：

爱丽丝想从鲍勃那里购买价值 5 美元的比特币，但是爱丽丝和鲍勃都无法完全信任对方，所以他们去了一个双方都信任的地方，比如 Mt. Gox。他们在那儿存放各自的钱，并交由 Mt. Gox 为他们进行交易。

并不是攻击 Mt. Gox(我喜欢)，但是否能脱离它的托管服务呢？
一个几乎分布式的替代品：
查理是一个可信的第三方，生成了比特币私钥。

然后查理用 UNIX 命令 **split** 将私钥一分为二，一半给爱丽丝，一半给鲍勃。

鲍勃存入价值 5 美元的比特币到拆分的比特币账户。

爱丽丝用公开区块验证这笔交易，并用 PayPal 发送 5 美元给鲍勃。

鲍勃验证 PayPal 交易。

鲍勃把他那一半私钥发给爱丽丝,这样爱丽丝就可以拿到鲍勃之前存入的比特币。

(简单起见,我省略了 PayPal 的部分细节,比如谁支付交易费以及应该等待多久以避免退款欺诈。我还忽略了鲍勃执行最后一步的动机。)

如果用一些更复杂的方案来替换 UNIX 命令 split,可以做出更高级近乎完全分布式的案例。例如,一种像 ssss[一]的夏米尔(Shamir)秘密共享方案的实现。类似于 ssss 的工具允许爱丽丝和鲍勃指定仲裁方以防发生分歧。

当然问题在于我们必须相信查理不会滥用他创建私钥的完整副本。

理想的解决方案是由爱丽丝和鲍勃各自生成自己那一半私钥。我不完全理解现代秘钥对中的数学,但我觉得当前的算法有可能实现。

是否有另一种方法让爱丽丝和鲍勃各自获得一半秘钥,而无需把整个秘钥提供给任意一方?

Dave

回复:如何进行分布式比特币托管服务?

中本聪发表,2010 年 9 月 26 日,下午 05:34:26

可以支持需要两个签名交易的网络尚未实现。这部分的描述

[一] 参见 http://en.wikipedia.org/wiki/Shamir's_Secret_Sharing。

在这里：

http://bitcointalk.org/index.php?topic=750.0

这绝对比没有托管的直接支付更安全，但还没有达到真人仲裁托管那么好，假设您充分信任人。

在这种托管机制下，骗子不可能成功，但您还是有可能蒙受损失。这至少失去了骗钱的动机。卖方确信这笔钱是留给他的，而买方保留尚未支付给卖方的优势，直到买卖完成。

55

关于比特币挖矿的资源浪费

THE BOOK OF SATOSHI
THE COLLECTED WRITINGS OF
BITCOIN CREATOR SATOSHI NAKAMOTO

比特币挖矿浪费资源的观点经常出现在媒体上。如果中本聪没有隐退并仍然参与其中,对他的采访将不可避免地包括这个问题。因此,看到他在这些帖子中可能给出的答案将会很有启发。

比特币铸币是反热力学的

gridecon 发表,2010 年 8 月 6 日,下午 01:52:00

首先,比特币是一个了不起的项目,我对其目标和实现印象深刻。通过阅读论坛上的帖子似乎可以理解关于比特币经济的设计和运作的辩论最终会让它更强大,所以我希望这些评论是本着这种精神选取的。*编辑:通过进一步的研究和探讨,我已经确信与大多数传统货币相比比特币实际上是高效的,因为要支持政府发行的法定货币所需要的基础设施,意味着所投入的资源远大于比特币的算力消耗。不过我不会关闭这组讨论,因为在这过程中已经产生了很多有趣的讨论。*

我相信比特币经济所需的能源投入量是其增长的严重障碍。我认为从长远来看,交易可能会在这方面遇到比铸币更严重的问题,但是现在我先讨论铸币,因为铸币有更加精确的范围和定义。比特币的价值在某种程度上与产生一块有效区块所需平均电力相关,这个想法是普遍公认的,但是这种关系的确切性质还是存在争议的。

一个论点是那些选择产生比特币的人实际上都是在选择使用电力/计算资源来购买比特币，并且因为许多人事实上正在做出这种选择，比特币至少对生产者具有那么大的价值，这里假定他们会尽量将资源的产出最大化。一个相反的论点是，生产成本不同于市场价值，最客观的衡量标准是相对于更具流动性和更广泛使用货币的当前市场转换价格，例如相对于美元。

我认为以上两个论点都没有抓住要点和真正的问题，这是铸币过程中为产生有效区块而浪费大量能量和算力的基本悖论。铸币过程的存在是因为实际"印钞"的需要，以及密码数学的某些使货币行为可预测的理想性质。当前的铸币过程所需的计算工作需要大量的能源输入，这个事实是极其不幸的，而且产生以下不良后果，即从浪费能源生产出价值小于资源投入的数字物品的意义上看，比特币实际上可能在"毁灭财富"。

正如人们经常指出的，货币不一定（需要）具有任何固有价值。交换媒介是一种有用的工具，它可以具有纯粹由社会习俗形成的价值。比特币由电力消费产生的生产成本体现了一种浪费，这是该货币不得不承担的"热力学负担"。考虑另一种假想的数字货币，称为"计算币"，它从网络节点购买CPU周期。这种货币的市场价值将与产生CPU周期所需的电力成本非常接近。可用于交换计算币的CPU周期的价值会为货币价值创造合理的基础，并将该币与现有市场结合起来，而不是把 CPU 周期都花在铸币上。我想比特币的这类替代品（这些替代币很可能共享大量比特币的源代码）将不可避免地涌现，比特币当前的铸造过程使得该货币在能源投入方面来看"太昂贵"了。我相信这会使得它在与其他货币的竞争中处于不利地位，只能阻碍它的广泛应用和长期价值。（编辑：如上所述，我现在对比特币的长远发展非常看好。但仍然认为计算币是一个很酷的想法！）

回复：比特币铸币是反热力学的

中本聪发表，2010 年 8 月 7 日，下午 05:46:09

这和黄金以及黄金开采的情况一样。黄金开采的边际成本趋近于黄金价格。黄金开采是一种浪费，但浪费远小于其作为交换媒介所产生的效用。

我认为比特币亦是如此。比特币可能产生的交换效用远超电力消耗。因此，失去比特币就是一种净损失。

引自：gridecon，2010 年 8 月 6 日，下午 04:48:00

作为一个整体观点，我也不同意产生比特币所用的非常高的计算量实际上是当前系统必不可少的。以我的理解，货币的产生基本上是由时间来衡量，如果时间是基本控制变量，为什么还需要每个人在固定时间段"尽可能多地掷骰子"？比特币所有权和交易的"证据链"并不依赖于比特币的生产方法。

每个节点对网络的影响与其 CPU 功率成正比。向网络展示您拥有多少 CPU 功率的唯一方法就是实际使用它。

我想不出来每个人还有什么其他有限数量的东西，供我们来计算一人一票。IP 地址？比取得 CPU 可容易得多了。

我想测量 CPU 功率总有一天会成为可能。例如 CPU 功率竞赛每 10 分钟平均只需要运行 1 分钟。不必要一直运行，却仍然可以证明在规定时间内的总功率。不过我还不确定怎么才能做到这一点。那些当时没在网络中的节点无法知道过去的链确实产生于一段有 9 分钟中断的工作循环，而非连续运算。

工作量证明具有良好的属性，它可以通过不可信的中间人传递。我们不必担心一系列的通信安全问题。最长的链是由谁告诉您的并不重要，工作量证明本身就是事实。

回复：比特币铸币是反热力学的

中本聪发表，2010 年 8 月 9 日，下午 09:28:39

如果需要增高室温，计算机散发的热量就没有浪费。如果家用的是电热设备，那么计算机的热量就没有浪费。用计算机发热的成本是一样的。

如果有比用电更便宜的加热方式，那么浪费的只是价格差。

如果夏天开了空调，那么就是双倍浪费。

比特币的产生最终应该都在最便宜的地方。也许在使用电热的寒冷之地，在那里基本上算是免费的。

回复：比特币铸币是反热力学的

throughput 发表，2010 年 8 月 10 日，下午 12:27:30

未来铸造比特币而产生的价值可能与僵尸网络当前业务的收入相媲美，所以激励僵尸网络制造者在其业务上投入更多的资源，我认为这些讨论最后已经丧失伦理道德。如果比特币运营收益比其他活动更好应该怎么办？怎能想象构建僵尸网络是有益于社会的呢？

> 引自：jgarzik，2010 年 8 月 06 日，下午 07:53:25
> 作为诚实的节点参与到网络中对所有人都有帮助。

是的，但是只有在不违背计算机所有者的意愿时，他才会支付电费。

如果这样的话，CPU 满负载所造成的额外功耗损失的就是真金白银了。

因此，比特币激励了从无辜计算机主窃取计算能力的行为。

好吧，您可以试着比较社会危害和受益，但是您真觉得自己有这么做的道德权利吗？

回复：比特币铸币是反热力学的

加文·安德森发表，2010 年 8 月 10 日，下午 09:26:14

> 引自：throughput，2010 年 8 月 10 日，下午 12:27:30

因此，比特币激励了从无辜计算机主窃取计算能力的行为。

当然，信用卡也同样会激励从无辜信用卡主窃取信用卡号码的行为。

银行账户激励黑客试图闯入系统寻找银行账号。

汽车激励一些人从无辜加油站老板那里偷汽油。

我相信比特币的好处将超过它带来的危害，而且更相信**自己**有能力做出道德判断。可能我是错的，也可能会后悔曾经参与过这些活动，但是如果只做百分百确定以后肯定会带来好结果的事，那永远都无法做出任何新鲜有趣的事。

56

关于只使用哈希记录的另一种区块链

THE BOOK OF SATOSHI
THE COLLECTED WRITINGS OF
BITCOIN CREATOR SATOSHI NAKAMOTO

本章讨论了一个中本聪认为有趣的建议。该建议建立在给区块链提供更少的信息，目的是提供更高程度的隐私。

并非建议

Reb 发表，2010 年 8 月 10 日，上午 05:45:45

一些人可能已经注意到了，比特币让我困扰的一件事就是整个交易的历史是完全公开的。我完全理解这种简化所带来的巨大好处，而且可以让每个人都能轻易证明比特币的有效性。

所以这篇文章不是为改变比特币而提出的建议。而是关于什么可行、什么不可行而提出的问题。

总的问题是区块列表是否可以/已经以一种不在表中存储完整交易的方式实现？具体来说，"也许"有可能在区块列表中仅存储输入、输出项的哈希。这些项在区块列表中像现在这样加盖时间戳（公证）。

主要的区别在于存储完整交易是由比特币接收者来负责。也许他还得存储以前的 X 次交易以查询历史。

然后，当他想把比特币转给下一个人时，可以创建一个与现在完全一样的交易，只是需要额外提交该交易的前序交易以供验证。输入项的每条前序交易也要像区块列表中现存交易一样进行哈希和验证。将输入项哈希后在区块列表中标记为尚未使用。然后该交易会被验证为当前已完成。

如果所有验证都正确,新增的输入输出项的哈希值将被添加到区块中。交易的输入项就不能再使用了,并将新输出项的哈希值标记为未使用。

一旦节点完成了区块(指赢得了哈希竞赛),就会将区块中的哈希以及相关的交易和附加的前序交易广播到其他节点以进行确认和接纳。

这里有个粗略的例子:

```
{block-9
 hash-a, hash-b, hash-c, hash-x
}
{block-12
 hash-a, hash-y, hash-c, hash-d
}
{block-17
 hash-b, hash-d, hash-e, hash-z, hash-f
}

{Transaction
 {in-points: hash-x, hash-y, hash-z}
 {address, signature and other transactions stuff}
 {out-points: hash-payed, hash-change}
}

{generating-block
 hash-x, hash-y, hash-z, hash-payed, hash-change
}
```

因此,如果输入输出项的哈希值在区块列表中出现两次,那就是已经用过了。如果只存在一次,那就还未用过。

所以在 **block-17** 之后:

a、b、c 和 d 已用过。

e、f、x、y、z 未用过。

该交易使用了 x、y 和 z，而且创建了 hash-payed 和 hash-change，因此交易是有效的。

在 generating-block 后：

a、b、c、d、x、y 和 z 已用过。

e、f、payed、change 未用过。

目标：

目标是提供与现有系统完全相同的安全性，但是避免创建每笔交易的公开图谱，这样太容易找到交易之间的相互关系了。在这种情况下，甚至哈希都不必在区块中进行关联。区块中的所有哈希可以简单地按升序排列。

实际上，我想创造真正的金币。我可以把我的金币给您，但是没人知道。您可以把金币再给下一个人，并证明它们是纯金币，因为您有这些金币的谱系，并且谱系中每一代都在公共记录中公证过。

问题：

中本聪演示了通过默克尔树结构从区块列表中移除交易，而不会危及安全性。我想我真正的问题是：

"最早什么时候可以移除这些交易？"

您可能会争辩说，无论如何节点都可以记住所有的交易

（网络永远不会忘记）。但是如果您对协议进行结构化，让新节点只接收区块列表的哈希，它们就只能从这一刻开始记住。这（也许）会增加一些额外的隐私。

各位有什么看法吗？其中有没有明显的方法会导致欺诈和暴富？

回复：并非建议

Insti 发表，2010 年 8 月 10 日，上午 09:34:14

在您的体系中，从区块链拿不到交易信息，我必须要监控每笔交易（反正我都能看到），并且记录到自己的秘密服务器。

您这是通过制造谜团加强安全啊。

回复：并非建议

Reb 发表，2010 年 8 月 10 日，下午 02:09:36

引自：Insti，2010 年 8 月 10 日，上午 09:34:14
您这是通过制造谜团加强安全啊。

我已经提到过这点了。我并不指望让货币更安全。只希望该体系与现行体系并驾齐驱。

然而，众所周知，隐私谜团有价值。您的邻居或联邦调查局可能整天都在监视您的一举一动。但也可能没有。如果碰巧被"关注了",那么他们肯定会开始盯着您,并且从那一刻开始。

但是体系最想要的额外法定权力似乎是:"让我检查每个人的记录!"(通话记录、通信塔、邮件往来、facebook 连接、信用卡/借记卡交易、谷歌搜索历史、浏览器访问历史等。)其他体系则是"通过权力获得安全"。比特币体系没有这个权力。

顺便提一下,我也不想把每笔交易都广播到每个节点。但这个话题不在这里讨论。

再提一下,大多数的数字公证服务就是这么做的。您发给公证员一份哈希签名的文档,由公证机构永久保存下来。然后他们创建一条与比特币相似的哈希链。定期在报纸或其他的线下刊物中公布当前的哈希链值。

您没有必要将私人文档/交易发送给公证员来加盖时间戳以及备案。公证员只是出具以下证明,即该时刻存在与此哈希值匹配的某物。

回复:并非建议

Insti 发表,2010 年 8 月 10 日,下午 03:06:16

> 引自:Reb,2010 年 8 月 10 日,下午 02:22:09
>
> 再提一下,大多数的数字公证服务就是这么做的。您发给公证员一份哈希签名的文档,由公证机构永久保存下来。然后他们创建一条与比特币相似的哈希链。定期在报纸或其他的线下刊物中公布当前的哈希链值。

您没有必要将私人文档/交易发送给公证员来加盖时间戳以及备案。公证员只是出具以下证明,即该时刻存在与此哈希值匹配的某物。

您也不必向公证员证明账户中有 X 枚比特币。

不过我最近在看零知识证明相关的资料（http://en.wikipedia.org/wiki/Zero-knowledge_proof），如果您可以用这方面的技术证明账户中有 X 枚比特币,而不透露其他信息,这可能就是您要找的东西。

我只是担心您想做的在理论上不可行。

回复：并非建议

Reb 发表，2010 年 8 月 10 日，下午 05:29:44

> 引自：Insti，2010 年 8 月 10 日，下午 03:06:16
>
> 不过我最近在看零知识证明相关的资料（http://en.wikipedia.org/wiki/Zero-knowledge_proof）……

很有意思的提议，值得重新看下！谢谢。有一段时间没有考虑过这些了。

回复：并非建议

中本聪发表，2010 年 8 月 11 日，上午 12:14:22

这是一个非常有意思的话题。如果找到解决方案，可能会出现一个更好、更容易、更方便的比特币版本实现。

原本比特币可能只是一连串签名。有了时间戳服务，旧的签名在超过回溯需要时是可以抛弃的，或者单独保存比特币或只保存面值。对包含所有交易的全局知识的需要是为了检查双重消费的情况。

问题在于如何证明不存在另外一笔花销？似乎节点必须知道所有的交易才能验证。如果节点只知道输入项和输出项的哈希值，就不能对签名进行检查，以了解是否存在之前用过的输出项。您对此有何看法？

在本方案中很难想出如何应用零知识证明。

我们试图证明某些事情不存在，似乎就需要知道全部信息，然后检查其中并不包含。

回复：并非建议

Reb 发表，2010 年 8 月 11 日，上午 04:58:50

中本聪：我知道您了解我写的第一部分，但我希望别人也能看懂，并希望您能纠正我可能存在的误解。

我正在看当前默克尔树（Merkle tree）的实现，尝试找出何时可以删除交易而不丢失安全性。

在交易图的术语中，交易表示节点。交易图的边缘节点由交易的输入项表示，该输入项用区块哈希 -> 交易哈希 -> 输出项这样的结构指向前序交易。

因此，对于有效的交易，其中的每个输入项必须显示出既存在前序交易对应的输出项，又没有前序交易的输入项引用了该输出项。因此,对于每个输出项,都由零或一个输入项引用。零个表示未使用,一个表示已用过。

这也意味着,除非两个输出项都已支付,否则该交易不能从区块列表中剔除。否则比特币就会消失。

然而,只要您确信第二个交易所在的区块一直都在,就可以删除所有双向绑定的交易。(最早的删除可能性。)

然而,当删除交易并以树的哈希值取而代之时,区块列表中呈现出的交易图结构就丢失了。实际上,所有未从区块列表中删除的交易具有未使用的值,原因也就在于交易还没删除。但已不再能由前序交易证明自身的有效性,因为那部分图已从区块链中剔除。

这让我思考,如果根本不把完整的交易放到交易图中,是否可证明交易的有效性?

引自:中本聪,2010 年 8 月 11 日,上午 12:14:22

问题在于如何证明不存在另外一笔花销?似乎节点必须知道所有的交易才能验证。如果节点只知道输入项和输出项的哈希值,就不能对签名进行检查,以了解是否存在之前用过的输出项。您对此有何看法?

关键是将交易信息作为输出项哈希值的一部分。因此,用两个输出项的哈希值来表示一笔交易,就取代了单独创建的交易哈希值。(我最初考虑使用输入项/交易/输出项的哈希结构,但现在看来没有必要了。)

只有交易验证者需要知道记录在案的输出项哈希值关联

到哪个比特币地址。该地址来自于前序交易，并作为当前交易的输入项一并提交上来了。将前序交易和输出项计算哈希值后，如果该哈希值在区块列表中出现且仅出现过一次，那么就可以断定该输出项有效并且未被用过。

当然，当前交易必须由前序交易地址所对应的密钥签名。如果当前交易经过验证有效，则生成两个新的输出项哈希值，并插入到当前的区块。把输入项哈希值包含在当前的区块，也就标明它们被使用了。（如果哈希值存在两次，就表明被用过了。）如果要将交易表示为一个整体单元（以及现行版本可以看到的交易图），可以将输入项的哈希值和输出项的哈希值放在同一组。然而，这并非为证明有效性所必需。

引自：中本聪，2010年8月11日，上午 12:14:22
我们试图证明某些事情不存在，似乎就需要知道全部信息，然后检查其中并不包含。

在这种情况下，我们要证明只存在**一个**匹配的哈希值，而不是**两个**。这确实需要包含全部信息的节点来证明。

我认为禁止双重消费的力度与现行版本相同。

==== 警告！ ====

不过，必须要考虑节点故意添加随机的"取消哈希值"所带来的危害。在这种情况下，捣乱节点不能获得比特币的使用权，因为它没有用于生成有效的、未使用过的输出项哈希值所需要的签名。但是，真正的所有者也不能使用这些比特币了。因为该输入项已经被认为用过。

这意味着新体系的验证条件与现行版本**完全相同**。接纳和创建自己的区块之前，所有的验证节点必须检查并验证所有出现在该区块中的交易。

如果区块中含有的哈希值并非由有效交易所表示，那么该区块必须被拒绝。这与现行体系完全一致，即如果存在无效交易，则必须拒绝该区块。

我本来希望能弱化将所有交易传给所有验证者的条件，但是我不知道如何在没有可信任代理的情况下做到。

这里产生了一个有趣的特性，即简化了验证过程。节点需要做的全部事情就是一次性地解析区块列表。在分析每个哈希值时，只需要在哈希集中查一下就可以了。如果在哈希集中没有找到，就把哈希值加进去。如果找到了，就从中删除该哈希值。当完成区块列表分析时，就会得到有效的、未使用的输出项的最小集。甚至可以将整个集合放入内存。（至少放一段时间！）

引自：中本聪，2010年8月11日，上午12:14:22
在本方案中很难想出如何应用零知识证明。

我也觉得很难！有兴趣再读一遍！

本希望能产生一些深入的见解，让节点能有办法证明它们"一直遵循"区块的生成规则，每个节点不必拥有全部交易就可以进行双重检查。

没能做到。

回复：并非建议

中本聪发表，2010 年 8 月 11 日，下午 09:07:59

> 还在仔细思考这个想法……
>
> 网络唯一的工作就是判断输出项的支付是否为第一次。
>
> 如果愿意让客户端保存自有资金的历史，那么有些信息可能就不需要存储在网络上了，例如：
>
> ▲ 金额。
>
> ▲ 一笔交易中输入项和输出项之间的关联关系。
>
> 网络会跟踪一组独立的输出项。并不知道这些输出项属于哪些交易或金额。客户端能够发现一个输出项是否已使用，并能提交相应的输入项来标明它已使用。网络保存了输出项和证明它已使用的第一个有效输入项。
>
> 输入项为其关联的下一个加盐输出项用哈希值签名，这样如果知道加入的盐是什么，就可以私下里显示出为某个特定输出项所做的签名，但是公开地，网络并不知道到底是哪个输出项。
>
> 我认为客户端必须保存整段历史，追溯到最初生成的比特币。发起支付的人也必须把这部分数据发给收款人，同时还要与网络进行通信，以标记输出项已使用，并检查这是否是第一次支付。也许数据可以作为电子邮件附件来完成传输。
>
> 客户端必须保留整段历史降低了隐私性。处理大量资金的人仍然能看到大量的交易历史。由于这种大面积回溯，他们最终也许会看到大部分的历史。可以设定追溯的面值限制，但是处理大量资金的企业可能最终还是会看到大量的历史。

回复：并非建议

Reb 发表，2010 年 8 月 12 日，上午 01:10:19

> 引自：中本聪，2010 年 8 月 11 日，下午 09:07:59
> 还在仔细思考这个想法……

这个想法有一点烧脑，是吧？

事实证明，可注销公证的概念很好地普及了。

例如，这个体系并不局限于比特币交易。由于被签名的合同在体系外保存，有额外的验证/公证规则，所以很容易实现像借据/凭单等交易。

如果有人给您 5 美元，您可以给他一张 5 美元的借据。将借据哈希公证后放入区块的哈希列表中。当您还钱时，可以让他们为借据签名确认。然后让公证员再插入一条借据哈希注销本次借款。确保没有人可以再拿回同一张借据，再次要求您还款。

> 引自：中本聪，2010 年 8 月 11 日，下午 09:07:59
> 我认为客户端必须保存整段历史，追溯到最初生成的比特币。客户端必须保留整段历史降低了隐私性。

我一开始这也是这么想的。但后来我用其他方式说服了自己。

对验证者以及验证过程到底有多大信任确实很关键。可以顺着每笔交易追溯资金的来源直至比特币的生成，人们喜欢这种贴心的感觉。然而这并不是必需的。

> 如果对区块创建期间的交易验证过程有信心（大于 50% 的 CPU 认可）。确信前序区块不会改变，那么只要检查相关的输出项是否还未被支付。即使交易本身存储在外部，并且前序交易根本没存储，安全特性还是保留在区块列表和程序中。您自己已经证明了使用默克尔树删除旧交易后能保持一致性。

引自：中本聪，2010 年 8 月 11 日，下午 09:07:59

处理大量资金的人仍然能看到大量的交易历史。由于这种大面积回溯，他们也许最终会看到大部分历史。可以通过设定追溯的面值限流，但是处理大量资金的企业最终可能还是会看到大量的历史。

隐私的确直接与可观测性相关。如果有一个像货币兑换者这样的第三方，能把大量的输出项关联起来。但如果摆脱了每枚比特币都必须追溯到产生点的想法，观察的范围就可以更小一些。

一枚比特币有效仅是因为整个过程不会将无效币包括进来，适应这个观念的过程确实很奇怪。但事实上，这正是比特币生成的工作机制。这类交易没有输入，但是每个人都裁决该输出项一定是有效的，否则的话它就根本不会出现在区块中。

回复：并非建议

中本聪发表，2010 年 8 月 12 日，上午 02:46:56

> 引自：Reb，2010 年 8 月 12 日，上午 01:10:19

> 引自：中本聪，2010年8月11日，下午09:07:59
>> 我认为客户端必须保存整段历史，追溯到最初产生的比特币。客户端必须保留整段历史，这降低了隐私性。
>
> 我一开始这也是这么想的。但后来我说服了自己。

您又回去讨论现有的比特币体系了吗？

在我所描述的假想体系中谈到，如果网络不知道交易金额和历史，那么就不能对交易进行验证和担保，所以客户端必须保存整段历史。

如果刚刚进入网络，那么有两种方法来说服客户端的交易历史有效：

1. 向其展示整段历史，一直回溯到最初生成的比特币。

2. 向其展示一段回溯到非常深区块的历史，然后相信如果有那么多节点都说当时的历史正确，那么这笔交易肯定有效。

但是，如果网络不知道交易的金额和历史就无法操作第二种方法，我不这么认为。

回复：并非建议

Reb 发表，2010年8月12日，上午04:25:51

> 引自：中本聪，2010年8月12日，上午02:46:56
>> 引自：Reb，2010年8月12日，上午01:10:19
>>> 我一开始这也是这么想的。但后来我说服了自己。

您又回去讨论现有的比特币体系了吗？

是的，我是在讨论这个假想体系。

按照我提出的体系，每次区块生成时，每个验证节点必须验证交易并确认区块中的哈希值，然后决定接纳或拒绝该区块。实际上，现行体系也在进行相同的工作，外加输出项哈希检查。由于其他验证者都在竞争生成区块，所以他们已经有了（至少大部分）交易。

与现行体系一样，如果未通过交易验证（以及匹配输出项的哈希值），其他节点将拒绝该区块。如果该区块得不到 50% 以上计算能力的接纳，就无法生成区块列表。

因此，在区块列表中出现的哈希值，至少有 50% 的验证者看到并验证了所包含的交易和输出项哈希值。

因此，（除非发生哈希碰撞）如果有人提交了一条前序交易与未支付的输出项相匹配，该交易一定有效。

前序交易的前序交易也一定有效，否则前序交易会被拒绝，依此类推。

如果不是这样的话，就必须假定有一段时间区块没有任何输出项哈希值通过有效性验证。但在 CPU 竞争机制下发生这样的事令人难以置信。

引自：中本聪，2010 年 8 月 12 日上午 02:46:56

如果客户端刚刚进入网络，说服其交易历史有效的方法有两种：

1）向其展示整段历史，一直回溯到最初生成的比特币。

2）向其展示一段回溯到非常深的区块历史，然后相信如果有那么多节点都说当时的历史正确，那么这笔交易肯定有效。

如果客户端最近加入网络，它得假定之前的验证者遵守了规则，并且所有预先存在的区块都是有效的。（没有人会加入一个知名的腐败网络。）

当然，在现行体系下，如果不清除交易，那么新节点可以验证先前所有区块的自我一致性。但仍然无法证明绝对正确。僵尸网络可能接管了网络，并清除了一些交易，留下"新的真相"和不开心的用户。相当于上述第一种情况）。

现行体系下，如果交易由默克尔树清除，那么就属于上述第二种情况。新加入者必须相信该过程。不必担心任何信息缺失。每个人必须假定交易有效。

特别之处在于，如果您对比特币的竞争验证过程有信心（我们确实有！），那么真的不需要像第二种情况中提到的"回溯到非常深的区块"。有人在另一组讨论中谈到，客户端拒绝对两个小时以前的区块进行任何更改。因此可以完全信任深度超过 12 的所有区块[⊖]。

因此，如果一笔交易处于未支付状态，并且深达 12 个区块，就可以清除它的所有前序交易。留着这些前序交易让人心里舒服，但没有额外的验证效果。我们必须依赖这一点：根本无办法退回并改变方向。

在此之后，每个后续区块假定所有的前序区块都真实有效。否则就会有分叉而不是后续区块。因此，对前序区块输出项进行

⊖ 比特币一般情况下每小时生成 6 个区块。——译者注

验证了的交易，如果那些输出项存在并且未使用，那么必须认定交易有效。如果认定了其有效性，那么必须认定其前序交易也有效，即便已经清除掉。

本提案中，同样的事情也是正确的。

如果一个交易的前序输出项的哈希值未被使用且深达 12 个区块，那么该交易绝对没有使用过。这是铁一般的事实。检查其前序没有意义。可以结束交易验证，取消输入项哈希值，并创建新的输出项哈希值。

有意思的是，如果一个交易的前序输出项未使用且深度**不到 12 个区块**，那就是**相对**未使用。奇怪的是，检查其前序仍然没有必要。唯一可以改变前序项有效性的是区块链分支切换到一条更长的链。如果验证中交易的前序被交换出去了，那么这笔交易也必然会被交换出去。

这就是个庸俗的时间机器电影情节。有人穿越到过去杀掉了我的祖辈。所以我不存在了！

总而言之，在现行的和提议的两个系统中，验证者唯一要做的就是验证前序输出项的存在且未使用（对当前的区块链来说）。这个过程保证了所有其他交易保持相对或绝对有效。

剩下的就都是些安慰剂。

-附言-

我知道写得太啰嗦，但我累得不想编辑了。

回复：并非建议

中本聪发表，2010年8月13日，下午07:28:47

我还没有领会您的想法。是否隐含了一些来自公共网络的信息？优势在哪里？

如果至少50%以上的节点验证了交易的有效性，那么足以丢弃旧的交易，所有人都能看到所有的交易并可以记录下来。

公开节点能看到交易的金额吗？能看到这笔钱来自于哪个前序交易吗？如果能看到，那么它们就掌握所有的信息。如果看不到，那么它们就无法验证这笔钱来自于哪个有效来源，所以不能用它们生成的链来验证。

是把比特币地址隐藏了吗？是这样吗？如果是，那我现在可能明白了。

密码学可以提供一种"密钥盲化"的方法。我做了一些研究，非常晦涩，但也许有一些东西用得上。可能与"群签名"有关。

下面这篇文章里大致提到了一些：

http://www.users.zetnet.co.uk/hopwood/crypto/rh/

我们需要的是生成公钥的额外盲变种密钥的方法。盲变种密钥具有与源公钥相同的属性，例如私钥可以为这些盲变种密钥生成签名。其他人无法判断这些盲密钥是否与根密钥相关，或者其他的盲密钥是否来自于同一个根密钥。这些都是盲化特性。简而言之，盲化就是 x = (x × large_random_int) mod m。

向比特币地址支付时，每次使用一个新产生的盲密钥。

然后需要能用它签名，这样就无法知道两个签名来自于同一个私钥。我不确定一直用不同的盲密钥进行签名是否就会得到这种特性。我想如果不行就得用群签名了。使用群签名可以在签名之后不让人知道是谁签的。

举个例子，比如必须下令进行一次不太受欢迎的军事攻击，但是没人愿意作为下令者成为历史的罪人。如果 10 位领袖都有私钥，其中一位签署了命令而你并不知道具体是谁签的。

回复：并非建议

Reb 发表，2010 年 8 月 13 日，下午 09:48:56

> 我将分两个部分来回答这个问题。
>
> > 引自：中本聪，2010 年 8 月 13 日，下午 07:28:47
> > 我还没有领会您的想法。

这是我的错，因为我不想一次提出过多的主张。也不想同时引入太多新"特性"来分析。

我心里的目标是逐步限制交易可见性的范围。从时间和空间维度。时间意味着特定时刻运行的节点。空间意味着少于当时运行的所有节点。最佳情况下，交易只由发送者和接收者所知。那么所有的证据都会消失。

我给您一张 10 美元的钞票，然后就此别过。只要在那一刻没人注意到我给您那张钞票，就无法通过检查那张钞票发现这件事。

区块链启示录
THE BOOK OF SATOSHI

引自：中本聪，2010 年 8 月 13 日，下午 07:28:47

是否隐含了一些来自公共网络的信息？优势在哪里？

如果至少 50% 以上的节点验证了交易的有效性，那么足以丢弃旧的交易，所有人都能看到所有的交易并可以记录下来。

我最初希望所有交易只在相关方之间进行验证。实际上，生成区块的节点只会记录被告知的哈希值。

然而，最后一刻我意识到由于没有对哈希值签名或以其他方式验证，所以可以轻易伪造"取消上一个输出项的哈希值"。虽然不能窃取他人的比特币，但是可以使比特币失效。

我领会到有三种可能的方法来解决这个讨厌的细节。

1. 让所有的验证者查看这些交易，最小化保存的内容。

2. 提出某种方法来最小化需要查看所有交易的验证者数量。

3. 为每个新的输出项创建一次性密钥对来为哈希值签名。（最后一分钟的记录。）

因为同时引入的变量较少，所以最初我写下了第一种情况。我希望确定只记录哈希值不是明显的错误。

我试图量化可以获得的隐私。最坏的情况下只获得最小量（所有人都会保存所有信息），但是在名义上还是相当大，大多数人不保存自己用不上的信息。

因此，这个改进的好处是任何新的威胁只能观察到它们加入后发生的交易。无法回溯，除非它们能找到从加入起就记录所有信息的早期使用者，并说服他们共享信息。这就是最小保护，但至少您的前任因此不会在周围窥探了。

然而，可以巧妙地使用分布式哈希表（DHT）来最小化空间。还有一些细节尚未解决，但是您可以把它想象成将区块列表分割成 1024 个相同的小区块列表，每个小区块列表有 10 个冗余的验证节点。而不是具有 10 000 个冗余的验证节点的单个区块列表。每个随机选取的节点集负责哈希空间的一部分。

与其保证需要 50% 的计算能力去伪造些什么，不如把目标定为达到 100% 的共识和完整地广播链校验及区块。因此，在分布式哈希表周期性重组基础上，任何新节点都可以验证链是否始终保持 100% 的一致性。（类似于每天在报纸上刊登 1024 个校验。）

这限制了攻击者的可见性，他所能知道的可以取消的哈希值变少。（只能看到 1/1024 的交易。）这把他提交伪造的取消请求的时间窗口限制在控制 100% 交易验证者的时间范围。

因此，有可能通过限制部分可见性以获得部分隐私性。这也伴随着一些潜在的风险。

所以我要将激发最佳想法的荣誉归功于您。太赞了！我最初放弃了给输出项哈希值签名的想法，因为看起来太像现在的比特币地址。我假设签名中需要的公钥会关联太多信息。

然而，如果使用一次性公钥为输出项哈希值和当前区块编号的组合签名。那么当输出项哈希值首次创建时采用公钥进行记录。当使用该输出项时，哈希由一个不同但相关的签名进行验证，该签名也是由相同的密钥签署的。

我认为这完全解决了这个问题。不存在其他的关联，因为区块列表输出项哈希值的两个单独实例必须关联。再增加一个一次性公钥标识不会带来什么麻烦。

为了简化"当前区块编号"问题，提交者可以提交接下来的 3 到 4 个区块编号的签名。验证者只会将合适的记录在区块里。

向区块列表中增加的位数确实比我期望的多。我认为最优方案是只存一个哈希值。

具有以下属性的最小加密结构是什么？也许应该考虑这一点，而非哈希和完整签名。

1. 我给您一些看起来很随意的东西。

2. 我给您一些看似与您的 #1 相关，但是与其他人的 #1 无关的的东西。

3. 没人能从 #1 中找到您的 #2。

举个例子：

1. 我给您 Z，其中 $Z = X * Y$，X 和 Y 都是大素数。

2. 我给您数组 (X, Y)。

3. 没人能对 Z 进行因式分解得出 X 和 Y。

这种情况下，当发送线下交易时，发送者会为每个输入项封装 (X, Y)。

接收者会为新的输出项私下创建新的 (X, Y)。

接收者广播每个输入项的 (X, Y) 以取消它们。广播每个输出项的 Z 以创建它们。

这样行吗？还是太幼稚了？

回复：并非建议

Reb 发表，2010 年 8 月 13 日，下午 10:20:50

> 引自：中本聪，2010 年 8 月 13 日 下午 07:28:47
>
> 密码学可以提供一种"密钥盲化"的方法。我做了一些研究，非常晦涩，但是也许有一些东西用得上。可能与"群签名"有关。
>
> 下面这篇文章里大致提到了一些：
>
> http://www.users.zetnet.co.uk/hopwood/crypto/rh/
>
> 我们需要的是生成公钥的额外盲变种密钥的方法。盲变种密钥具有与源公钥相同的属性，例如私钥可以为这些盲变种密钥生成签名。其他人无法判断这些盲密钥是否与根密钥相关，或者其他的盲密钥是否来自于同一个根密钥。这些都是盲化特性。简而言之，盲化就是 x = (x * large_random_int) mod m。
>
> 向比特币地址支付时，每次使用一个新产生的盲密钥。
>
> 然后需要能用它签名，这样就无法知道两个签名来自于同一个私钥。我不确定一直用不同的盲密钥进行签名是否就会得到这种特性。我想如果不行就得用群签名了。使用群签名可以在签名之后不让人知道是谁签的。

> 举个例子，比如要下令进行一次不太受欢迎的军事攻击，但是没人愿意作为下令者成为历史的罪人。如果 10 位领袖都有私钥，其中一位签署了命令而你并不知道具体是谁签的。

这个主意真酷。我明白你想用它干什么了。我想了好几遍才把思路捋清楚。

我是对的，您建议使用一次性盲密钥对输出项的哈希值进行签名。

盲公钥相当于交易中比特币地址的公钥。如果说比特币地址的公钥私钥对是 P/p，那么盲公钥就是 $P1, P2, P3, \cdots, Pn$。其中每个都可以验证私钥（p）签名。

所以在创建过程中，当提交输出项的哈希值进行验证时，看起来就像是由 $P1$ 签署的。然而，当接收者取消该输出项时，则会以 $P2$ 或 $P1$ 以外的其他密钥签名（因为 $P1$ 已经被公开记录）。两个签名的结果都一致，但是公钥会更换。这就意味着只有公用私钥的拥有者才能生成签名。

天才！

57

论采矿的高成本

本章讨论计算能力增强导致挖矿难度增加，而难度增加导致计算能力下降。留在网络的矿工将要应付高得多的难度，这也延长了每个区块产生的时间，直至下一次调整。

这个问题还没有影响到比特币，但是确实极大影响到了一些像羽毛币这样的替代加密货币。一种称为木本重力井的方案被开发出来替代货币整合。本章设法解决这个潜在的问题。

中本聪特别谈到了市场对挖矿成本的反应。

潜在灾难场景

gebler 发表，2010 年 8 月 14 日，下午 12:43:54

比特币产生的难度周期性地用了一种方法来调整，目前来看这种方法是行之有效的。然而在一些看似合理的场景中，现行办法恐怕会表现得很不正常。

描述一个场景如下：

1. 随着比特币知名度的提高，铸币者之间的竞争持续加剧，难度也相应增加。对那些无法获得优惠能源价格和廉价软硬件组合的人来说，难度的增加终将使比特币铸币明显无利可图。

2. 尽管无利可图，一些比特币用户还在继续铸币。可能的原因有理想主义、觉得好玩或仅仅是无知。但合理的情况是绝大多数比特币应由能从中获利的人铸造。比如说 99% 的比特币最终由以盈利为目的的铸币者铸造。

3. 谋利的铸币者之间的竞争将推动利润率下降，一直降到微利状态。假设在一个难度调整区间（2016个区块）的一般利润率是10%。

4. 由于比特币铸币是一个分散的、无组织的过程，可以预计铸币活动充满随机性。这不会影响2016个区块区间的调整难度，因此如果不存在无法获利的情况，铸币活动在此期间可能增加了20%。

鉴于上述假设，在下一次难度调整时将会面临一场灾难。由于比特币产量比目标高出20%，难度随之上调20%。但是利润率只有10%，所以谋利的铸币者如果继续铸币就会亏损。因此，他们将停止铸币，而且因为他们拥有99%的铸币能力，导致在接下来的2016个区块期间生产所消耗的时间是正常情况的100倍。依赖于区块生成的所有活动都将慢得像蜗牛，而且这种放缓会持续很长的时间，因为整个2016个区块期间都需要耗费百倍的时间来生产（差不多4年，而不是两周）。

如果发生这种情况，我认为可以发布一个新的客户端，将难度重新设定为某个合理的数值，并且开始使用更好的算法调整难度。但是最好是在问题发生前主动处理（在未来的某个时间，也许在某个预定的"纪念日"激活新算法，给新客户端传播的机会）。

一个简单的算法修改是把难度调整区间从固定区块数量改为固定时长。难度切换还可以同步为在下个区块生效，这样客户端之间的时间同步不需要那么精确，以便调整为新难度时，大多数的客户端能够达成一致。

此外，难度调整也应该考虑每次铸币的数量（现在是50枚，每 4 年减半）。每次产生的比特币数量减半相当于盈利难度增加一倍，而且如果容易规避的话，就不应该出现这种利润急剧下降的情况。

我不确定当前的算法调整是否已经考虑到了这一点，但在源代码中我没看到任何明显的调整。

回复：潜在灾难场景

中本聪发表，2010 年 8 月 15 日，下午 04:37:16

铸币倾向于在下述地方：

1. 廉价或免费的场所。
2. 出于理想主义的原因想提供帮助的人。
3. 想得到一些比特币，又觉得购买起来交易麻烦的人。

有合法的免费场所。在任何电热供暖的地方生产基本上是免费的，因为计算机发热抵消了电加热设备的发热。很多小公寓由于方便而使用电热供暖。

民用燃油有多贵？现在石油的价格这么高，如果已经比电还贵，那么铸币将产生负成本。

也有孩子把这部分成本计入父母的电费账单，雇员蹭雇主，僵尸网络等。

第三种占的比例不大。如果只需要少量零用钱，那么交换产生的开销就不划算了。与法定货币相比，我认为这是个利好，可以把适当数量的铸币费用发给需要攒一小笔零钱的人，而不是把所有铸币税都交给一个大的实体。

58

关于警报系统的开发

THE BOOK OF SATOSHI
THE COLLECTED WRITINGS OF
BITCOIN CREATOR SATOSHI NAKAMOTO

中本聪讨论了他开发的一套警报系统，拥有某个私钥的人可以在比特币网络传递重要消息，目前只有中本聪本人有该私钥。例如可以在发现 bug 之后通报所有矿工进行软件的重要升级。

开发警报系统

中本聪发表，2010 年 8 月 22 日，下午 11:55:06

我一直在编写警报系统。警报通过网络广播并应用于一定范围的版本。警报消息用一个私钥进行签名，这个私钥只有我有。

节点在收到警报时会做两件事：

▲ 在状态栏上设置警告信息。

▲ 让 json-rpc 接口的资金处理方法返回错误。

在遇到溢出错误或在分叉情况下用户可能不信任收款时，警报系统应该保持旧版本基本安全，直到用户升级。手动用户应该在查看收款时注意状态栏警告，而 json-rpc 安全模式阻止自动化网站进行更多的交易，直到完成升级。

警报期间返回错误的 json-rpc 方法有：

sendtoaddress
getbalance
getreceivedbyaddress
getreceivedbylabel
listreceivedbyaddress
listreceivedbylabel

下面回答关于警报系统的问题。

回复：开发警报系统

中本聪发表，2010 年 8 月 24 日，下午 11:51:12

当状态栏上显示出警告信息时，如果您偏执到了情绪失控的程度，那肯定会产生足够怀疑，那么您会到网站和论坛来核实一下。

我想如果发生了类似于溢出的错误，重要的是让自动网站停止交易，直到管理员查明情况并做出决定。如果判断是误报并希望赌一把，可以用"-disablesafemode"开关关掉警报。

回复：开发警报系统

中本聪发表，2010 年 8 月 25 日，下午 03:17:37

不能做任意的远程操作。也许有些人在回应那些建议警报系统应有更多功能的帖子？

警报期间返回错误的 json-rpc 方法有：

sendtoaddress
getbalance
getreceivedbyaddress
getreceivedbylabel
listreceivedbyaddress
listreceivedbylabel

其余 14 种方法功能正常。

我相信更安全的选项应该是默认启动。如果想让服务器继续进行交易而忽略一个警报，比如说收到疑似来自溢出漏洞的资金，那么可以使用开关，但是资金损失后果自负。

启用警报系统的最坏的情况是网站在升级或开启"disablesafemode"开关之前停止交易。

当节点可能面临风险时，被临时停止交易吓一跳总要比被窃贼偷光存款吓一跳要强吧？

在很久没有发现新漏洞，而且经过彻底的安全审查没有发现隐患后，这个功能就可以去掉了。我没说这个功能要一直留着。但现在还只是测试版。

回复：开发警报系统

中本聪发表，2010 年 8 月 25 日，下午 04:56:15

> 引自：jimbobway，2010 年 8 月 25 日，下午 04:45:22
>
>> 引自：BioMike，2010 年 8 月 23 日，上午 05:15:43
>>
>> @mizerydearia，我觉得引用按钮比回复按钮更容易找到。
>>
>> 理论上，这是个优先控制系统，某些政府可以逮捕中本聪，逼他交出密钥（或从他的电脑中获取），然后关闭整个网络？
>>
>> 这是否可能？某些政府到底会走多远？
>
> 问中本聪几个夸张的问题：

您能扛住水刑吗？

您能忍受电击吗？

您能受得了各种形式的折磨吗？

最后，您可能是杰克·鲍尔吗？说真的。

谁会在乎这个警报系统？这个密钥最多能做到暂时禁用 6 个 json-rpc 命令，直到网站所有者添加 -disablesafemode 开关或者升级。所有节点都一直在运行和生成比特币，网络一直在运转。如果我不在了，任何会写两行脚本的娃娃都能搞清楚怎么添加两个字符并制作一个新版本来禁用这个警报系统。这只会是一个暂时的麻烦。

> 引自：BioMike，2010 年 8 月 23 日，上午 05:15:43
> 理论上，这是个优先控制系统，某些政府可以逮捕中本聪，逼他交出密钥（或从他的电脑中获取），然后关闭整个网络？

这是为什么我认为反对的群众根本不知道自己在说些什么。警报系统不能"关闭整个网络"。

回复：开发警报系统

中本聪，2010 年 8 月 26 日，上午 00:08:12

> 引自：BioMike，2010 年 8 月 25 日，下午 06:23:45
>> 引自：中本聪，2010 年 8 月 25 日，下午 04:56:15

这是为什么我认为反对的群众根本不知道自己在说些什么。警报系统不能"关闭整个网络"。

我从未反对这次变更以及这个想法，只是问问是否有这种可能以及到了什么程度。

了解更多信息有问题吗？

我道歉，您的帖子确实是在提问而非论断。

59

货币与比特币的定义

THE BOOK OF SATOSHI
THE COLLECTED WRITINGS OF
BITCOIN CREATOR SATOSHI NAKAMOTO

中本聪回应了一组关于比特币和穆瑞·罗斯巴德对于货币观点的讨论。罗斯巴德属于奥地利经济学派，该学派的许多创始人来自于十九世纪晚期的维也纳。它的特点是信仰广义经济的运作是所有个体决策和行动的总和。与大多数其他经济学派相比，奥地利学派认为，没有中央规划者能够正确估算出任何产品或服务的总供应和需求。如果中央规划者改变了他们所控制的经济参数（通常是央行的利率），他们怎么能正确地估算基于消费习惯的所有决策以及企业和投资者的投资决策所产生的最终结果。不管收集了多少图表和统计数据，期望和结果之间的偏差是不可避免的，最终将导致破坏。

比特币并不违反米塞斯回归定理

xc 发表，2010 年 7 月 27 日，上午 02:09:27

货币回归与货币从易货经济中的出现

回归定理的全部目的是帮助解释货币的明显悖论：如果货币是作为交换媒介而被定价，那么它作为交换媒介是怎么获得价值的呢？门格和米塞斯通过解释悖论措辞中缺失的基本时间要素来帮助打破了这种表面的循环性。

正如罗斯巴德在《人、经济与国家》中所解释的那样，"……第 X 日结束时的货币价格是由第 X 日开始时存在的货币和货物的边际效用决定的。但正如我们之前看到的，货币的边际效用是基于之前存在的一组货币价格。货币被需要并被认为有用，是由于它已经存在的货币价格。因此，第 X 日的货物价格是由货物和货币在第 X 日的边际效用决定的，而第 X 日的货币边际效应又相应地取决于第 $X-1$ 日的货物价格。**货币价格的经济分析因此并非循环。如果今日的价格取决于今日的货币边际效应，后者则取决于昨日的货币价格。**"

罗斯巴德接着解释说，为了使货币从**易货**经济中出现，必须先有预先存在的商品价值。这种商品价值来源于**直接消费**对潜在货币的易货需求。这一价值**萌发**了未来货币作为交换媒介的价值。货币市场的自然出现到此就解释完了。

货币经济

然而，一旦经济货币化并且建立起货物和服务价格比的记忆，货币就可能失去其直接的商品价值，但是仍然被用作货币。罗斯巴德解释道：

"另一方面，以下分析就不成立，即如果现存货币失去直接用途可能就不再被用作货币。因此，如果黄金在成为货币之后，突然失去其在首饰或工业用途中的价值，未必会失去其货币属性。一旦交换媒介被确立为货币，**货币价格仍然保持不变**。如果黄金在第 X 日失去了它的直接用途，仍然存在先前第 $X-1$ 日建立的货币价格，这些价格构成了第 X 日的黄金边际效用的基础。同样，第 X 日所确定的货币价格构成了第 $X+1$ 日的货币边际效用的基础。从 X 日开始，黄金就能单独由于交换价值而产生需求，而不再因为其直接用途。因此，虽然货币**起源于有直接用途的商品**绝对必要，但在被确立为货币后，就不必再保持其直接用途了。"

这解释了法定货币的历史。法定货币最初是从货币出现以前的易货经济时期发展起来的商品重量货币（银）的简单名称。尽管后来由于国家干预，失去了与直接商品价值的联系，纸币仍然是因为**以前的货币价格记忆**而保持了货币的地位。这一因素如此之强，以至于黄金和美元之间的关系在一定程度上颠倒了。黄金已经不再作为普通的交换媒介流通了。价格由美元设定，而不是黄金。大多数希望经营黄金的人都是基于他们对美元/黄金价格比的了解而这么做的。（"嗨，让我用黄金买您的那个 100 美元的沙发吧？""好的，美元/黄金是 1000 美元每盎司。给我 1/10 盎司黄金。"）法定货币法、国家税收和整个金融监管环境维持了美元价格的惯性，并且不太可能回到直接使用黄金货币的时代，即便法定货币会带来破坏性的通货膨胀。

比特币经济的出现

比特币经济中最早的业务是交易商（新自由标准、比特币市场、比特币交易所……）。这不是意外，而是上述分析的自然表现。为了使比特币成为一种除间接交换以外没有商品使用价值的交换媒介，还必须有货币价格的解释性知识。市场交易商填补了这一空白，让比特币用户获得了这类知识。比特币可能因此成为了 PayPal 的美元/pecunix/欧元之间的货币中介。但是为什么需要比特币，而不是直接用美元？这是由匿名性、分布式清算、基于加密技术的信任、预先确定的增长率、内置的通货紧缩、可分割性、低交易费等比特币系统的固有属性所引起的主观评价。

关键是一旦货币（美元）与比特币之间能直接交换，货物提供者就能够将比特币视为潜在的交换媒介。这符合货币回归定理，因为可以一直回推到传统的商品货币：比特币 > 美元 > 货币化金银（开始货币经济）>（结束易货经济）商品化金银。

当然，如果发生重大崩溃，所有价格比的知识都被抹去，比特币可能不会直接成为货币（假设比特币在交易所之外的价值有限）。没有直接易货价值的法定货币肯定不会成为货币。像黄金和白银这样在物物交换中有广泛认可的有直接价值的商品会首先出现。届时，经济会货币化为与金银的价格比。然后，比特币因其可交换的内在属性而受到重视，可能因此在贸易中变得流行起来。最初，价值创造者将继续以真正的货币（黄金盎司/比特币比率）来计算价格价值比，但随着时间的推移，比特币的价格可能会出现（可以把 vekja.net 视为案例）。我们正处于这个发展的初始阶段。

因此，只要比特币与美元/欧元等货币发生交换，比特币经济就可以利用现有价格比的知识。一段时间后，随着比特币的日益市场化，这些法定货币与比特币之间的价格比将产生直接使用比特币的价格。比特币经济因此出现。这符合米塞斯回归定理。

XC

编辑：澄清了比特币直接从易货经济中出现成为货币的可能性。

回复：比特币并不违反米塞斯回归定理

中本聪发表，2010 年 8 月 27 日，下午 05:32:07

作为思想实验，设想有一种贱金属像黄金一样稀有，但有以下的特性：

▲ 单调的灰色。

▲ 导电性不太好。

▲ 不是特别硬，但是没有延展性或者不容易锻造。

▲ 没有任何实用或装饰用途。

以及一个特殊的、神奇的属性：

▲ 可以通过通信信道传输。

如果因为某种原因、以某种方式多少获得了一点儿价值，那么想要远距离转移财富的人可以买一些，传输出去，并让接收人把它卖掉。

也许像您所建议的那样，由于人们预见到它对交换的潜在用处，它可能循环地获得最初价值。（我肯定会想要一些）也许是收藏家，任何偶然的原因都可能引发这个过程。

我认为传统的货币资格是假设世界上有许多具有竞争性的稀缺物，具有自发的内在价值的东西肯定会胜过那些没有内在价值的。但是，如果世界上不存在具有可以用作货币的内在价值的东西，只是稀缺但是没有内在价值的，我想人们还是会接受。

（这里用到的稀缺一词仅指其潜在的供应量有限。）

以下是同一主题的另一个帖子。

回复：比特币并不违反米塞斯回归定理

epaulson 发表，2010 年 8 月 17 日，下午 06:45:18

关于比特币是什么（即是货币还是商品）的争论很多。此外，关于比特币的通货膨胀与通货紧缩、人们是否会放贷、以什么利率等问题争论不休。

我认为对比特币最合适的描述是它是我们共同经营的比特币企业的股票。这很像是加入一家公司（现在是一家非常小的公司），用股票支付薪水。有固定数量的比特币，就像公司有固定数量的股份（禁止增发等）。

现在比特币的主要价值是将来比现在值钱得多的期望。要做到这一点，比特币企业作为整体需要获得集体价值。作为比特币企业的雇员或所有者，我们需要产生附加值。最明显的方法是以比特币交换其他商品，促进互联网商业。通过保存每笔交易的记录，所有员工／所有者的全部计算量有助于确保交换的公平性。一些比特币持有者的个体努力有助于使比特币交换更容易或更有帮助。

关于比特币的借贷，对我来说就类似于借入或抵押股票。借入比特币的主要原因是因为您认为比特币被高估了，当需要归还时，应该已经不那么值钱了。当借入比特币时，可以马上卖出（现在就交换掉），希望以后归还给贷方时能以更低的价格买回来（可能再加上一笔费用）。

本质上讲，比特币就像是比特币企业"直接公开发行"的股票。

回复：比特币并不违反米塞斯回归定理

中本聪发表，2010年8月27日，下午04:39:26

比特币没有股息，未来也不可能有股息，因此不像股票。

更像是收藏品或商品。

60

对交易费的要求

中本聪建议允许处理一些不含交易费的交易。目前，矿工仍然可以获得比特币奖励，但是当全部 2100 万枚比特币挖完时（在 22 世纪中叶），就要按计划停止奖励。在那时，交易费可能变成强制性的，这样可以为矿工所耗费的资源进行适当的奖励。

总是缴纳手续费吗？

jgarzik 发表，2010 年 9 月 07 日，上午 03:17:34

为了如实地反映在网络上处理交易需要耗费一定的成本资源，我提议 X 时间（X 是未来几个月）之后，每笔交易都要收取交易费。

回复：总是缴纳手续费吗？

中本聪，2010 年 9 月 07 日，下午 04:32:21

在所有交易必须收取交易费之前，另一种选择是降低每个区块允许的免费交易数量。在向每笔交易收取每笔至少 0.01 比特币的交易费之前，每个区块节点只接受那么多 KB 的免费交易。

阈值应该低于当前的水平。

我认为阈值不应该是 0，应该一直允许一些免费的交易。

回复：总是缴纳手续费吗？

中本聪发表，2010 年 9 月 08 日，下午 05:30:14

目前，是否收取交易费用是由 -paytxfee 开关手动控制的。很容易就让软件自动检查最近区块的大小，以确定是否需要收取交易费用。目前离阈值还非常远，暂时用不上。无论如何，先用手动控制看看情况如何是个好主意。

即使达到阈值也没什么大不了的。只是免费交易需要更长时间才能加入区块。

我粗略地统计了从 74 000 到 78 000 大约 4000 个区块，排除了那些区块奖励交易：

平均每个区块有 2 次交易，每小时 17 个，每天 400 个交易。

每个区块的平均交易字节数为 428 字节，或者每个交易 214 字节。

目前的阈值是每个区块 200KB，相当于大约 1000 个交易。我认为应该降低到每个区块 50KB。这样仍然会比目前每个区块的平均交易数多 100 倍。

以后也可以很容易地改变阈值。如有必要还可以提高阈值。将阈值保持在较低的水平作为断路器并根据需要提高是个很好的主意。如果现在就达到阈值了，几乎可以肯定是某种洪水攻击，而不是实际使用。保持较低的阈值还有助于限制这类事件所浪费的磁盘空间。

回复：总是缴纳手续费吗？

中本聪发表，2010 年 9 月 23 日，下午 04:08:35

> 引自：中本聪，2010 年 9 月 08 日，下午 05:30:14
>
> 目前的阈值是每个区块 200KB，相当于大约 1000 个交易。我认为应该降低到每个区块 50KB。这样仍然会比目前每个区块的平均交易数多 100 倍。

我在 SVN 的 157 次提交中实现了这个变更。

之前将阈值设置那么高的原因是想在不触及交易费的情况下允许非常大规模的交易。由挖矿奖励的 50 枚比特币组成的交易，阈值大约在 2.6 万枚比特币。尽管那时候生成比特币容易 100 倍，也只有少数人在这个阈值上遇上交易费。调整后的新阈值在同等情况下大约在 1.1 万枚比特币。这个阈值基本上只会由转移挖矿奖励的交易触及。如果是购买比特币，交易费会计入更大规模的交易，基本达不到阈值，除非是分散在几百个单独的交易中购买。即使真的达到了收费标准，可以把小交易捆绑起来而只需要支付一次费用。

61

有验证码和 PayPal 支付要求的网站

THE BOOK OF SATOSHI
THE COLLECTED WRITINGS OF
BITCOIN CREATOR SATOSHI NAKAMOTO

有人提出了比特币应用的其他可能途径。中本聪的回复讨论了有验证码和 PayPal 支付要求的网站。

项目列表

kiba 发表，2010 年 9 月 23 日，下午 04:00:16

这是经济增长行动。我们的使命是通过让每个人都专注于一个细分商品和服务市场来发展比特币经济。

简单地说，发出您想要消费什么，我会将其添加到项目列表上。然后会有人宣布进入该市场。小市场也可能会有竞争，但总会出现其他的机会。

我们会让这些人对自己的项目"负责任"，让他们苦干实干、鼓劲打气。新开一帖然后让大家对在线服务问题表达失望等。

需要认领项目的列表：

1. 类似 Craigslist 这样的本地分类广告。

2. 类似于土耳其机器人（Mechanical Turk）的网站，以众包的方式发布简单的工作。建议由《稳定汇率》的无议程市场提出？这是经济论坛上的一个主题。

3. 啤酒店、麦芽、酵母、啤酒花等。

4. 出售各种药草等的植物商店。

5. 黑客学院、免费教学视频、平价学费课程、分期付款私人家教。

6. 接受比特币的交友网站。

7. 傻瓜式加密和备份服务。

已经有人认领并研发项目的列表：

1. 像 http://projectwonderful.com 这样的广告交换网站。由 mskwik 提出建议。（我用 projectwonderful 赚了点儿小钱。想知道能否从比特币广告交换赚到更多。）无议程（noagenda）为此提供了大笔赏金，目前正由 Biomike 开发。

2. 类似于 RapidShare 和其他蹩脚的下载网站。建议由 kiba 提出，项目由 Hippich 承接，最终产生了3个竞争者。这类网站都有极不方便的验证码，并要求用 PayPal 支付。比特币有可能取代二者的角色并简化整个过程。

3. 由 whichspace 承接的自由职业者网站。

4. 匹萨订购系统。由 mizerdearia 承接。可以通过网站、命令行、智能手机、短信等方式订购匹萨。

回复：项目列表

中本聪发表，2010年10月06日，下午 11:10:31

> 引自：kiba，2010年9月23日，下午 04:00:16
> 2. 类似于 RapidShare 和其他蹩脚的下载网站……这类网站都有极不方便的验证码，并且要求用 PayPal 支付。比特

币有可能取代二者的角色并简化整个过程。

重申,但是已经有这类开源软件了,所以问题的关键是接入比特币支付机制。我发现米哈利希姆站(Mihalism Multi Host)就是个不错的例子。这是个免费网站,只需要做些调整以放开付费相关的限制。

62

区块链中的短消息

THE BOOK OF SATOSHI
THE COLLECTED WRITINGS OF
BITCOIN CREATOR SATOSHI NAKAMOTO

区块链是所有比特币交易的公开账本并在点对点网络内共享。目前区块链只包含交易本身。在本章中,有人提议为区块链包含的每笔交易添加一条信息,相当于银行支票的"备注"部分。然而与支票不同的是这条备注会被公开,并且所有人都可以见到。中本聪表示担心有人会在这条备注中发布一些像客户账号这样的私人信息。

尽管如此,目前已经考虑在以后的比特币版本中更新添加此功能,但是在本文写作时还不可用。目前,只有像 blockchain.info 这样的第三方服务允许用户添加额外的文本信息,但这些信息并不是区块链本身的一部分。

矿工能在区块中添加额外的文本。事实上,中本聪创建的创世区块,即 0 号区块中包含着以下的信息:

"《泰晤士报》2009 年 1 月 3 日
英国财政大臣正欲对银行业实施第二轮救助。"

该消息用 ASCII 编码,但是对懂行的人来说很容易提取出来。

建议:允许发送比特币时附带短消息?

ShadowOfHarbringer 发表,2010 年 10 月 23 日,下午 03:11:17

比特币真的很棒,但是它少了一样通常银行转账都有的东西:

付款标题。

也许应该为每笔交易包含一条短消息（≤512字节）。

该消息可以用公/私钥进行加解密，只有接收方才能看到内容。

你们觉得这个建议如何？

附言：

我可能想得不对，这些消息也可顺便来增加哈希的随机性？如果不行，就当我没说。

回复：建议：允许发送比特币时附带短消息？

中本聪发表，2010年10月23日，下午07:02:57

椭圆曲线数字签名算法（ECDSA）不能加密消息，只能用于签名。

永久记录所有人都能看到的明文消息可能不太明智。这会是一场可以预见的事故。

如果要有消息系统，应该是与比特币网络平行的独立系统。消息不应该记录在区块链中。可以用比特币地址密钥为这些消息签名以证明是谁写的。

63

如何应对垃圾交易的洪水攻击

区块链启示录
THE BOOK OF SATOSHI

在本章中，中本聪谈到了软件引入变更管理，使采用大量垃圾交易攻击网络在经济上更加困难。

正在发生垃圾交易的洪水攻击

jgarzik 发表，2010 年 11 月 19 日，下午 07:02:38

有人显然在"测试"比特币主网，从 A 到 A 及从 B 到 B 大量发送 0.01 枚比特币的交易，其中 A 和 B 是两个随机的公钥。从以下网址可以看到：http://theymos.ath.cx:64150/bbe。

现在已经达到每个区块的免费交易上限了，因为现在许多区块似乎都有大约 219 个免费交易。此时尚未出现"真实"交易的拒绝服务，大概部分是由于基于交易价格的优先级逻辑。

免费交易是在寻求永久的垃圾交易。每笔交易都应该有成本，即使交易费用只有 0.001 枚比特币左右。

回复：正在发生垃圾交易的洪水攻击

中本聪发表，2010 年 11 月 19 日，下午 11:50:24

引自：creighto，2010 年 11 月 19 日，下午 08:29:12

也许除了最近实现的存在时间优先规则之外,应该有一个免除交易费的最低存在时间规则。换句话说,也许要有一条跨代规则,比如说,免费交易必须至少要在三个区块后才能再次免费转移。这样仍然允许真正的用户立即使用新的资金,同时也允许真正的用户在没有成本的情况下重新调整资金,以满足需要。我认为这将显著抑制目前正在发生的垃圾交易型攻击。

我正在做这件事。优先级是您所描述概念的更正式版本。

引自:FreeMoney,2010年11月19日,下午05:39:44

现在的情况是3.15版有大量的免费交易空间,这部分空间首先给予以下计算结果最高的交易:[存在时间]×[价格]/[占用空间大小],对吗?设定免费空间中某个区域的使用必须达到[存在时间]×[价格]/[占用空间大小]>C的条件,这样合理吗?

也许可以通过设置C,使得标准的1枚比特币的交易在下一个区块就能进入主要免费区域。而0.1枚比特币的交易在等待10个区块后也能进去。并且设定一个区域允许大约12个[存在时间]*[价格]/[占用空间大小]<C的交易加入。

是的,就像这样。没有优先级需求的区域是3K,差不多每个区块12个交易。

我刚向SVN上传了修正版185,给免费交易设置了最小优先级要求。大量的垃圾交易由反复支付比特币所构成,依靠他们自己的0确认交易。因为0确认交易的优先级为0，所以这样的免费交易就必须等待一个交易才能依次进入区块。

0.3.15版不会将0确认交易放入区块，除非没有其他交易，所以普通用户应该不会受此影响。

我认为这是除了采用0.01枚比特币默认交易费之外很好的折衷方案。简单地说，免费交易就只能用这个频率倒腾比特币了。如果使用免费交易，就是在接受慈善捐助，就得接受使用比特币频率的限制。

我们总是说免费交易的处理可能更慢。您可以通过**adding-paytxfee=0.01**来确保交易快速通过。

64

浅谈矿池技术

THE BOOK OF SATOSHI
THE COLLECTED WRITINGS OF
BITCOIN CREATOR SATOSHI NAKAMOTO

本章讨论比特币矿池开采的工作原理,以及如何避免欺诈者成为矿池中的一部分但拒绝分享成果的问题。今天,矿池已经是比特币开采的最大贡献者。矿池不是由中本聪首先提出的概念,而是来自于后来发在论坛上的一个建议,当时随着比特币利益增长开采难度不断加大。比特币矿池最好的类比是同事共同出钱买彩票,中奖后分享奖金。

合作开采

slush 发表,2010 年 11 月 27 日,下午 01:45:41

大家好,

由于 bitcointalk 几个月前被黑客攻击,所以我暂时失去了论坛的访问权。现在恢复了访问,但是由于更多其他的原因,我不打算继续在这篇帖子中提供对矿池的支持活动。主要是因为新手不能在这里发帖子,所以我无法提供全面的客户支持;在这一点上,我已经收到了很多抱怨。其次,在这个意大利面风格的论坛上,跟踪讨论非常困难。

前几天我们在 http://support.bitcoin.cz 启动了官方矿池支持活动标签系统。该支持系统也已与 support@bitcoin.cz 集成,所以如果需要尽快得到矿池管理员的授权,请回复邮件到 support@bitcoin.cz。现在我们正在处理很多积压的电子邮件,目标是 24

小时内回复。http://support.bitcoin.cz 网站同时也是知识库，每天都有越来越多的问题和回答添加上来。

我想邀请您也加入 IRC 聊天室 #mining.bitcoin.cz，那里在线的人相当多，随时可以通过聊天提供给您各方面的基本帮助。

我将把这篇帖子留作非正式讨论，但我不太可能有时间参与这里的讨论了。

欢迎到 http://mining.bitcoin.cz 网站加入我们！

【编辑于 2010.12.27：关于矿池开采的维基（Wiki）页面】

【编辑于 2011.03.17：比特币铸币厂（DaCoinMinster）发布了油猴子（GreaseMonkey）脚本，修改了矿池网站。这是第三方工具，使用后果自己承担。】

什么是矿池开采？

矿池开采是一种多用户合作铸造比特币并且公平分享收益的方法。

为什么需要这么做？

比特币通常只是以一次 50 枚的方式生成，全部 50 枚都支付给一个人。此外，争夺区块中 50 枚比特币奖励的竞赛非常激烈。

自己动手采矿可能需要很长时间才能获得回报。相反，矿池开采可以获得更小额、更频繁、更稳定的收益。如果您的电脑比较慢或者是一台 CPU 矿工，那么矿池开采可能是您能够铸造比特币的唯一方法。

如何开始？

去 http://mining.bitcoin.cz 并按照说明操作，只需要不到十分钟便可以开始在矿池中开采。

原帖：

一旦人们开始使用配有 GPU 的计算机，对于其他人来说，挖矿就变得非常困难。我挖了好几个星期，一个区块也没找到（我用三个 CPU 挖矿）。当很多人使用缓慢的 CPU 并且单独挖矿时，他们互相之间就在竞争，并且还要对付 GPU 这样的坏蛋，因为每个人都在相同的范围内计算 SHA-256 哈希值。两个具有每秒 100 万次哈希计算的独立 CPU 与一个具有每秒 200 万次哈希计算的机器完全不一样！但是，官方比特币客户端的一个叫"getwork"的新特性现在可以使许多计算机一起工作，所以它们之间并不竞争。因为现在有独立的 CPU 矿工（感谢 jgarzik！），并且"getwork"补丁现在已经在官方客户端里，所以我有个想法：

让可怜的 CPU 矿工们加入到一个群，增加找到区块的机会！

如何做呢？首先会有一个网页让您注册，输入钱包地址，取得 URL 和矿工个人 CPU/GPU 的用户名与密码（rpcuser/rpcpassword）。当以用户名和密码启动自己的矿机时，服务器将把尚未分配给集群其他成员计算的工作发送给你。

但是当您的客户端找到获胜的哈希值时，您拿不到区块的完整奖励（现在是 50 个比特币），只可以拿到与您的计算量比例等同的部分。如果您一天提供了 100 万次哈希/秒的算力，而整个集群的算力是 2000 万哈希/秒，并且花了两天才找到一个区块，那么属于您的奖励将是（50/20/2=）1.25 枚比特币。

优势在哪里？当使用独立的计算机时，您可能需要等待好几个星期，甚至几个月才能找到完整的 50 枚比特币奖励。当加入这样的集群,您会在每天或每周不断地收到少量的比特币(取决于整个集群的性能)。

它有什么缺点?您需要相信中心机构(我)不会为自己的利益而盗取区块。但是我在这里瞎混了几个星期,被比特币的想法震惊了,所以我现在还不打算偷任何人。

另一个可能的问题是,有人会经常请求分配新的工作,但实际上并没有真正去计算哈希值。在这种情况下,他看似拥有强大的CPU,如果集群找到一个区块,他应该得到很大一部分的奖励。对付骗子有一个很简单的防范办法:中心服务器有时会发送导向"获胜"哈希的工作。未将此哈希返回的工作端将被永久禁止(登录/密码和IP地址)。这是通过让矿工计算工作量证明来成功解决的。绝无可能不计算哈希而成为集群的一部分。

您感兴趣吗?

回复: 合作开采

ribuck 发表,2010 年 11 月 27 日,下午 10:21:02

> 引自:grondilu,2010 年 11 月 27 日,下午 10:21:27
> 我觉得合作开采是一项艰巨的任务,因为必须审查参与者的人品。知道如何阻止有人运行客户端的修改版,将产生的比特币只留给自己,同时从其他人那里接收比特币。

唉!

要么就是我没说清楚为什么不可能作弊，要么就是我搞错了。但如果是我搞错了又没人提出具体的反对意见。所以我尝试再解释一遍，提出一个具体的设计，说明不诚实的客户端也无法作弊。

假如我在运营一组矿池服务器，并且我招募了一些希望参与的客户。

我的服务器会要求每个客户为此计算一些哈希值。每个客户要提交他们发现的高于某个特定难度阈值的哈希值。服务器选择的难度为当前"官方"难度的 1/40。

我的服务器得到了远程采矿客户端发回的候选哈希值消息流。时不时会有一个哈希值可以满足官方的难度要求，这样我的服务器就可以产生一个区块，并赚到 50 枚比特币。

然后，我将比特币分给远程采矿客户端，即为当前区块提交大于或等于 1/40 官方难度哈希值 1 枚比特币的比例分配。

长远来看，我希望我的服务器每产生 50 枚比特币就分出 40 枚比特币，虽然区块之间会有一些波动。但是这个方案并不要求客户端诚实，因为不诚实的客户端无法作弊！

客户端要计算的哈希值将为我的服务器产出 50 枚比特币。而同样这些哈希值对不诚实的客户端毫无用处。无法用在不诚实客户端以生成 50 枚比特币，因为需要一个不同的哈希值才能将生成的比特币支付给其他人。如果不诚实的客户端作弊，把产生的哈希值所生成的比特币支付给他们自己，那么他们提交的哈希值在我的服务器上无法通过验证，并且我也不会向他们分配任何利益。

因此，本方案完全不要求信任客户端。

本方案也不要求采矿的客户端相信服务器诚实。如果服务器宣称自己会为每个难度至少为官方难度的 1/40 的哈希支付 1 枚比特币，那么每个为生成的区块提交了"简单"哈希值的客户端都可以查看它们是否收到了比特币。任何欺诈行为都会立刻现形。

回复：合作开采

中本聪发表，2010 年 11 月 28 日，下午 04:03:30

ribuck 的描述完全正确。

矿池运营商可以修改他们的 getwork 以接入一个额外参数，即分红的接收地址。

对于矿池运营商来说，最简单的方法就是等到发现下一个区块时，将其按比例分配为：用户达标次数 / 所有人总达标次数。

这对启动阶段来说更为容易而且安全。同时这还具有将同一用户的多次达标合并为一个交易的优点。很多达标次数通常来自于同一个人。

快速回报的方法是为每次达标按固定数额立刻支付，在找到区块之前，由运营商承担达标次数差异的风险。

不管用哪种方式，提交哈希值发现了区块的人都应该从总收入中多分一些，比如 10 枚比特币。

新用户甚至不需要比特币软件。他们可以下载一个矿机，在 Mt.Gox 或者 MyBitcoin 上创建一个账户，把他们的存款地址输入到矿机并指向任何一台矿池服务器。当矿机说它找到了，不久就会有一些比特币出现在他们的账号里。

  矿机的作者最好确保矿机不出现误报达标的情况。用户会据此检查矿池运营商是否在作弊。如果矿机误报，用户查看账户后发现一毛钱都没有，矿池运营商就有麻烦了。

65

分布式域名服务器

THE BOOK OF SATOSHI
THE COLLECTED WRITINGS OF
BITCOIN CREATOR SATOSHI NAKAMOTO

有人建议创建一种比特币克隆版（一种替代币），以运行分布式点对点域名服务器系统（DNS）。除了货币以外，存储在区块链中的交易也包含 DNS 信息，并且可以用新的交易更新。

被称为域名币（参见 http://www.namecoin.org/）的替代币现在已经出现，允许人们注册以 .bit 结尾的域名并与 IP 地址关联。中本聪在这里分享了他对这类系统的见解。

回复：比特域名服务（BitDNS）和泛比特币

中本聪发表，2010 年 12 月 9 日，下午 09:02:42

我认为 BitDNS 有可能成为完全独立的网络和单独的区块链，但与比特币共享计算能力。唯一重叠的是矿工能够同时搜索两个网络的工作量证明。

网络间不需要任何协调。矿机会同时加入这两个网络。它们扫描 SHA 寻找目标，如果找到就可以同时解决两边的问题。如果一个网络的难度更低，目标也许只适用于该网络。

我认为外部矿工可以调用两边的 getwork 合并工作。也许调用比特币从中得到工作，再交给 BitDNS 的 getwork，合并成为一个工作。

这些网络不但不会出现碎片化，而且可以通过分享来增强彼此的总计算能力。这会解决多网络共存可能出现的相互威胁问题，避免可用计算能力勾结起来共同反对某个网络。世界上所有的网络共享联合计算能力从而提升整体强度。使小型网络更容易在现有矿工的基础上启动。

回复：比特域名服务（BitDNS）和泛比特币

nanotube 发表，2010 年 12 月 9 日，下午 09:20:40

> 引自：中本聪，2010 年 12 月 9 日，下午 09:02:42
> 我认为 BitDNS 有可能成为完全独立的网络和单独的区块链，但与比特币共享计算能力。唯一重叠的是矿工能够同时搜索两个网络的工作量证明。

理论上听起来很棒……

> 引自：中本聪，2010 年 12 月 9 日，下午 09:02:42
> 网络间不需要任何协调。矿机会同时加入这两个网络。它们扫描 SHA 寻找目标，如果找到就可以同时解决两边的问题。如果一个网络的难度更低，目标也许只适用于该网络。
>
> 我认为外部矿工可以调用两边的 getwork 合并工作。也许调用比特币从中得到工作，再交给 BitDNS 的 getwork，合并成为一个工作。

看上去矿工要做些"额外的工作"。如果在 BitDNS 额外挖矿没有获得奖励（当然这份工作减慢比特币挖矿的主业），那矿工参与 BitDNS（以及其他的侧链）的动机是什么呢？

我对此非常好奇,希望听到您进一步的想法。

回复:比特域名服务(BitDNS)和泛比特币

中本聪发表,2010 年 12 月 9 日,下午 10:46:50

> 引自:nanotube,2010 年 12 月 9 日,下午 09:20:40
> 看上去矿工要做些"额外的工作"。如果在 BitDNS 额外挖矿没有获得奖励(当然这份工作减慢比特币挖矿的主业),那矿工参与 BitDNS(以及其他的侧链)的动机是什么呢?

动机是同一份工作也能从额外的侧链中获得奖励。

为什么在铸币时不用同一份工作获得免费的域名呢?

如果当前每周铸 50 枚比特币,那么未来就可以得到 50 枚比特币外加一些域名。

如果完成一件工作,得到铸币和产生 BitDNS 新区块两个结果。在概念上,它们由一棵默克尔树绑在一起的。把它交给比特币,就切断了 BitDNS 的分支,而将它交给 BitDNS,就切断了比特币的分支。

在实践中,为了改造比特币,BitDNS 部分可能需要额外的 200 字节,但这没什么大不了的。既然已经计划在每个区块存储 50 个域名,那么为了向后兼容而在每个区块中增加小小的 200 字节也就没什么大不了的。如果真的在意节省那几个字节,我们可以预先安排一个遥远未来的区块,那时候可以把比特币升级为默克尔树在最顶部的更现代化安排。

请注意，区块链处于这个新默克尔树的下面。也就是说比特币和 BitDNS 在自己的区块内分别有各自的区块链链接。这与区块链在顶部然后是默克尔树的公共时间戳服务器排列相反，因为这种方式创建的是一条公共主链。而这两个时间戳服务器并不共享一条区块链。

回复：比特域名服务（BitDNS）和泛比特币

中本聪发表，2010 年 12 月 10 日，下午 05:29:28

把世界上所有工作量证明系统都堆到一个数据集不具备可扩展性。

比特币和 BitDNS 可以使用独立的数据集。用户不必下载全部两套数据集然后选择其中的一个使用。BitDNS 用户可能也不想下载其他那些打算加入进来的不相关网络的全部数据。

这些网络需要有各自不同的安排。BitDNS 用户也许能完全自由地添加任何大的数据项，因为域名注册的需求相对较少，而比特币用户所面临的区块链大小限制可能越来越严，因为只有这样才能方便大量用户和小型设备。

担心用比特币购买域名的安全性只是掩人耳目。很容易用比特币交易其他不可抵赖的商品。

如果仍然担心，基于加密的无风险交易也是可能的。双方同时在两边安排交易，当双方为交易签名时，第二个签名触发两方同时执行。第二位签名者不能选择性地执行。

回复：比特域名服务（BitDNS）和泛比特币

哈尔发表，2010 年 12 月 10 日，下午 07:14:04

中本聪，您是否赞同额外的区块链会创造各自风格的币，这些币可以在交易所中与比特币进行交易？用基于这些链的币来奖励链上的矿工，并用于购买该链范围内的一些权益？

回复：比特域名服务（BitDNS）和泛比特币

中本聪发表，2010 年 12 月 10 日，下午 07:55:12

> 引自：哈尔，2010 年 12 月 10 日，下午 07:14:04
>
> 额外的区块链会创造各自风格的币，这些币可以在交易所中与比特币进行交易？
>
> 用基于这些链的币来奖励链上的矿工，并用于购买该链范围内的一些权益？

对，不同领域的币和比特币之间的兑换率会浮动。

BitDNS 更适合比 10 分钟长的时间间隔。

迄今为止的讨论已经需要很多内部数据。如果能自由使用所需的全部空间，而不必担心为比特币链的昂贵空间支付费用，那就容易多了。例如下面这些交易：

IP 记录变更。

域名变更。域对象可以赋予一个域，您可以随意将它更改为尚未使用的域名。这会鼓励用户释放他们不想要的域名。生成的域开始是空白的,矿工将其售出后,买家按自己的意愿更改。

续订。可能是免费的,也可能需要消耗另一个域的对象来更新。在这种情况下,域的对象(叫域链币?)可以代表一个域名一年的所有权。将在下一个区块把支付费用将交给矿工。

回复:比特域名服务(BitDNS)和泛比特币

哈尔发表,2010 年 12 月 10 日,下午 08:12:02

那好,如果要有 BitDNS 币(又名 DCC,域链币),那么它们必须具有某些用途。否则每个区块全都是 BitDNS 矿工自己的域名注册信息,而不会用其他人的注册信息取而代之来交换以无用的货币所代表的交易费。

必须设定这样的规则,即注册域名或进行其他的 BitDNS 交易必须支付一定数额的域链币。这是使这种替代币有吸引力和富有价值的唯一途径。

(我们也可以像比特币那样,宣称最终只会有 2200 万枚域链币,这样它们就会像比特币一样从稀缺性中获得价值。但这样的安排很牵强。)

回复:比特域名服务(BitDNS)和泛比特币

中本聪发表,2010 年 12 月 10 日,下午 08:19:39

我同意。所有的交易、IP 变更、续订等都应该付给矿工一些费用。

您可以考虑为域的生成设定一定的工作量,而不是固定的总发行量。每个域的工作量可以设定为跟随摩尔定律增长。这样,域的数量就会随着需求和使用人数的增长而增长。

回复:比特域名服务(BitDNS)和泛比特币

dtvan 发表,2010 年 12 月 11 日,上午 07:43:08

阅读了整组讨论后,我想发表几条自己认为会有所帮助评论:

1.讨论中的每个人似乎都打算一举取代整个 DNS 基础设施,我认为这是错误的。目前 DNS 系统的真正问题是必须有人拥有根服务器。最终还是要信任 ICANN。域链或 BitDNS 系统应该完全致力于确定域名的所有权。所需做的全部事情就是确定密钥持有者 A 拥有域名 foo.bar。一旦建立了这种共享的信任,就可以支持许多不同的 DNS 基础设施,这些基础设施可以独立于这个项目来实现。无论创建什么新系统,都要使用域链或 BitDNS 来确定哪个密钥拥有这个域名,并且只允许有密钥的这个人为该域名插入记录。这样行之有效,因为系统中的所有参与者都可以验证自己查到的域名记录的有效性。现在很容易陷入 DNS 记录的各种管理细节当中,而此时我们需要做的是建立一个可信的、分布式的权威,能形成 DNSSEC、一些新 p2p DNS 或者其他什么系统的根服务器。

我也认为这可以用来解决 HTTPS 的 CA 问题,因为用相同的密钥签署证书可以证明已经到达了正确的服务器。这有点离题了……

2. 应该限制 TLD。如果该系统无法通过防止域名冲突来与现有 DNS 基础设施兼容，那将削弱试图建立的信任。如果新来的人得到 www.mylocalbank.com 域名结果引起混乱，甚至我都不确定是否愿意在分布式 DNS 系统上注册。我有一个不成熟的建议，用 .web 作为 TLD，这样可以使用任何域名，只要够短且未用过。

现在的焦点应该是建立这套系统并以与现有系统不冲突的方式运转。如果将来有一天这个系统占据了主导地位，需要处理其他的 TLD，那就是未来要处理的问题了。

3. 我认为域名必须要有有效期。即使今天续订费用相对昂贵，仍然存在大量的垃圾域名。无法想象如果永久拥有域名的情况会有多么糟。定期为域名续费的要求不算高，尤其是与现有体系相比一点都不黑。

最后我想说，这件事情太令人兴奋了。我看过很多解决 DNS 问题的不同想法，这是我看到的第一个能真正解决问题的方法（而不是用新的仁慈独裁者取代 ICANN）。

回复：比特域名服务（BitDNS）和泛比特币

中本聪发表，2010 年 12 月 11 日，下午 01:08:30

@dtvan：三个观点都太棒了。

1.IP 记录不需要入链，只做注册不做 DNS。这样 CA 问题也解决了，干净漂亮。

2.选一个 TLD，.web+1。

3.截止时间和续订费用非常重要。

> 引自：joe，2010 年 12 月 11 日，上午 10:53:58
>
> 然而，深入考虑之后，我支持在主网络中加入额外的币种及跟踪系统。这么做是为了避免将计算能力打散到多个网络。我们需要一个强大的网络，所以网络应该是多用途的。

避免计算能力碎片化不再是重要原因。独立网络或链可以共享计算能力，其他的就不太需要共享了。要了解具体信息参见可以参考下述文档：

http://bitcointalk.org/index.php?topic=1790.msg28696#msg28696

和

http://bitcointalk.org/index.php?topic=1790.msg28715#msg28715

（注意，中本聪的两个早期帖子也包含在这组讨论中。）

下面是同一主题的另一组讨论。

回复：比特域名服务（BitDNS）收费的困惑

galeru 发表，2010 年 12 月 9 日，下午 07:45:38

目前关于 BitDNS 或 BitX 的一系列争论，都是假定矿工会包含这些交易，而非基于某些详细定义的条件，然而标准代码中并没有任何能让程序员以外的人作出上述判断的依据。作为用户，我怎么知道一笔交易的费用是多少？

回复：比特域名服务（BitDNS）收费的困惑

Jgarzik 发表，2010 年 12 月 9 日，下午 11:07:04

> 引自：davout，2010 年 12 月 9 日，下午 09:08:55
>
> 刚想到下面的例子：我广播一笔交易，发送 X 枚比特币到某地址。结果过了一段时间还没有包含到区块里，因为我没有包含交易费。
>
> 有没有办法取消这笔交易，包含交易费后再重新广播呢？

对替换交易，请参靠关于锁定时间的讨论：

https://bitcointalk.org/index.php?topic=1786.msg22119#msg22119

回复：比特域名服务（BitDNS）收费的困惑

中本聪发表，2010 年 12 月 9 日，下午 11:58:54

不是锁定时间。

以后可能会有这样的设计：

故意发起一笔双重消费。第二笔交易有相同的输入和输出，只是这一次付费了。这笔交易进入区块后，第一笔交易就失效了。收款人也不会注意到，因为此时第二笔交易生效，第一别交易失效，于是新交易简单地取代了旧交易。

说起来容易做起来难。要让客户端正确地提交双重消费，管理钱包里的两个版本的交易直到其中一个被选中,处理所有这些极端情况的工作量相当大。现有代码中的所有假设都是建立在不提交双重消费的基础上。

也需要对比特币矿工做些修改,让双重消费进入交易池成为可能,但仅限于输入和输出匹配且交易费更高的情况。目前从不接受双重消费进入交易池,所以每个节点见证最先看到交易的方式是将它放入一个区块。

66

《PC World》关于比特币和维基解密的文章捅了马蜂窝

鉴于维基解密带至聚光灯下的问题以及比特币在帮助维基解密筹资方面可能发挥的作用，《PC World》发表了一篇与比特币相关的文章。显然，比特币开始引起新闻界的注意。有趣的是中本聪的评论是维基解密"捅了马蜂窝"。这里是一篇《PC World》的文章链接，接着是中本聪的评论。

《维基解密丑闻会带来新的虚拟货币吗？》

http://www.pcworld.com/article/213230/could_wikileaks_scandal_lead_to_new_virtual_currency.html

回复：《PC World》关于比特币的文章

中本聪发表，2010年12月11日，下午11:39:16

如果在其他场合得到这样的关注就好了。维基解密捅了马蜂窝，结果一大群马蜂朝我们飞来。

67

中本聪在论坛上的最后一帖：
比特币0.3.19版发布

THE BOOK OF SATOSHI
THE COLLECTED WRITINGS OF
BITCOIN CREATOR SATOSHI NAKAMOTO

在"马蜂窝"帖子发出19个小时之后,中本聪在退出"公众生活"之前,写下了他在bitcointalk.org论坛的最后一帖。这是2014年3月他在p2pfoundation论坛上发表文章之前的最后论坛帖。

增加了一些DoS限制,移除了安全模式(0.3.19版)

中本聪发表,2010年12月12日,下午06:22:33

在DoS方面还有很多工作要做,在掉进更复杂想法的漩涡之前,我先把已做完的部分快速发布出来,以备不时之需。这就是版本0.3.19。

▲ 添加了一些DoS控制。

我和加文之前明确说过,本软件对DoS根本没有防御力。这是一个改进,但仍有比我能穷尽的攻击方式更多的情况。

把 **-limitfreerelay** 部分留作开关,如果需要可以使用。

▲ 移除"安全模式"警报。

"安全模式"警报是0.3.9版溢出错误发生后的临时措施。我们真希望用户能在运行时加上"**-disablesafemode**"开关,但为了美观还是把它去掉了。本来也没打算将其作为长期功能。安全模式仍然会在较长的(更大的总PoW)无效区块链出现时被触发。

新版本下载地址:

http://sourceforge.net/projects/bitcoin/files/Bitcoin/bitcoin-0.3.19/

截至2014年3月14日,这是中本聪在2014年3月7日发表在p2pfoundation上的最后一篇文章:

我不是多里安·中本聪。

这是对一本杂志的回应,该杂志声称已经认定比特币之父为一位居住在加州名为多里安·中本聪的人。

68

给达斯汀·特拉梅尔的
电子邮件

以下是中本聪和达斯汀·特拉梅尔之间的电子邮件往来，达斯汀·特拉梅尔慷慨地把它们提供给了本书。

电子邮件 1——时间戳和比特币成熟度

第一次交流是关于文档时间戳服务以及比特币挖矿成熟度的问题。这些问题后来在公开论坛上讨论过，但是中本聪在与达斯汀·特拉梅尔的私人谈话中首先提起。

发件人："中本聪"satoshi@vistomail.com

收件人：dtrammell@dustintrammell.com

日期：星期二，2009 年 1 月 13 日，02:33:28 UTC+8

主题：回复：比特币 0.1 版发布

我正在阅读您的论文。在时间戳服务器部分，您提到了报纸和 Usenet，所以我想您如果还没有看过这个网站的话，可能会对此感兴趣：

http://www.publictimestamp.org/

谢谢，我还没看完。看起来写得不错。

有一个运行了很久的老网站，会把它的哈希值公布到 Usenet 上。我很奇怪，这个网站并没有使用 Usenet，虽然在自动化大行其道的今天，向 Usenet 发帖还是有点难。如果能让杂志或报纸出版他们的哈希值，在法庭上就很容易发挥作用达到目的。比特币和所有的时间戳服务器都有以下基本功能，即周期性将数据收集到区块并将区块的哈希值结果加入链中。

顺便提一下，我现在还在一台工作站上运行 Alpha 版代码。目前已经有两条"已生成"的消息了，但是对应的"记入"字段为 0.00，而且余额没变。这是由于比特币生效的存在时间/成熟度要求吗？

对，在比特币成熟之前记入字段将一直为 0.00，然后会变为 50.00。比特币成熟之前如果把记入字段设成空白，您觉得是否会更清晰一些？我应该在交易细节中放上一些文字（双击时显示）来解释是怎么回事。（用户会不会认为双击某一行就可以看到细节？）

请确保升级到 0.1.3 版。这个版本稳定很多。

聪

电子邮件 2——跟进

发件人："中本聪"satoshi@vistomail.com

收件人：dtrammell@dustintrammell.com
日期：星期二，2009 年 1 月 13 日，15:55:13 UTC+8
主题：回复：比特币 0.1 版发布

网站确实把哈希区块发布到了一个名为"哈希证明"（proof-hashes）的谷歌讨论组，因此与发布到 Usenet 的效果类似。

http://groups.google.com/group/proof-hashes

因为我在管理那个讨论组,而且这个讨论组的唯一目的就是对工作量证明的哈希值进行归档,如果您愿意,请随时加入该组,您的系统也可以在那里发布。

太好了,我正好在找像 Usenet 那样的讨论组以备不时之需,一直没有找到合适的。我相信在谷歌讨论组上发布要容易得多。

有些情况下,Usenet 或谷歌讨论组可以作为辅助防御手段。在比特币网络总计算能力很小的早期,也是最脆弱的时候。当然,这时候攻击比特币的动机也很小。

最好是比特币网络成长起来,渡过这个阶段,希望这个简单的方案可行。如果不行,真的到了那一步,谷歌讨论组还是可以帮上忙的。

电子货币和密码学是我非常感兴趣的两个领域,所以在密码学邮件组上看到比特币的消息时,我立刻就被这个项目吸引住了。欢迎随时联系我,我可以提供反馈或者测试产品的功能,我很乐意帮忙。

我们绝对有相似的兴趣!

唉,我觉得 90 年代应该有更多的人对此感兴趣,在经历了基于可信系统(数字现金等)长达十多年的失败后,大家都认为这个事儿肯定不靠谱。

我希望大家能区分开,这是我所知道的不基于信任系统的第一次尝试。

当比特币成熟时,会产生新的"记入"交易还是更新已

生成交易行的记入字段？

现有的交易行会发生变化。

打开0.1.3版，我所有的4笔交易记录仍然显示的是"未确认"，但现在描述显示"已生成（未接受）"。

这是否意味着别的节点先扩展了区块链，而我的比特币是在一条死分支上生成的？果真如此，为什么之前的软件没能立刻监测到，并转到获胜分支去产生比特币？0.1.0版的缺陷？

您说得对，很抱歉。这个缺陷在0.1.3版修复了。

通信线程会被阻塞，所以您建立的连接过一段时间就静默了。当您发现了一个区块，却无法广播到网络，所以没能进入区块链。您收不到任何消息，无法得知自己已经不在网络中了，直到软件重启。

这个缺陷也导致bitcoin.exe无法退出。通信线程被阻塞导致无法退出。比特币在系统关闭时很谨慎，以防中断重要的交易，但实际上杀掉进程是完全安全的。

这些问题都在0.1.3版中修复了。如果您把IP发给我，我可以发一些比特币给您。

我还有一个问题……如何避免拥有最大计算能力的单一节点生成并拿走大部分比特币？

如果每个节点都独立于其他节点工作，如果其中一个节点比其他的节点强得多，那么该节点是否有可能在其他节点之前得到正确结论？而计算能力不足的节点也许偶尔会走运，但是如果计算能力相差悬殊，我预计大部分比特币都会由最强大的节点生成。

这不像赛车，如果一辆车快两倍，就总是会赢。这是 SHA-256 运算，每次花不了 1 毫秒，而且每次都有独立的成功机会。每台计算机找到哈希碰撞的机会与计算能力成正比。一台慢一半的电脑会得到一半的比特币。

> 我会观察该版本，看看什么情况……

请帮我反馈情况。如果遇到任何问题，请把您的 debug.log 文件发给我。经常能从中找到问题点。

聪

电子邮件 3——比特币的潜力

这次交流似乎表明中本聪没有预料到比特币会如此之迅速地被接受。

发件人："中本聪"satoshi@vistomail.com

收件人：dtrammell@dustintrammell.com
日期：星期五，2009 年 1 月 16 日，03:15:14 UTC+8
主题：回复：比特币 0.1 版发布

> 那个地址我已经用了一段时间了，所以希望我的 DHCP 客户端成功续订了该地址。地址时不时会变，但是那个地址已经有段时间没变过了。
>
> 至少有一个节点的入口 IP 不断在一个 B 类地址空间变化。一

直都是这样,只是我没想到。

是否介意我把其余部分拷贝给比特币列表(bitcoin-list)或密码学邮件组?

顺便说一下,比特币列表的地址是:

bitcoin-list@lists.sourceforge.net

订阅/退订页面:

http://lists.sourceforge.net/mailman/listinfo/bitcoin-list

归档:

http://sourceforge.net/mailarchive/forum.php?forum_name=bitcoin-list

达斯汀·特拉梅尔写道:

> 中本聪写道:
>
> 我们绝对有相似的兴趣!
>
> 唉,我觉得90年代应该有更多的人对此感兴趣,在经历了基于可信系统(数字现金等)长达十多年的失败后,大家都认为这个事儿肯定不靠谱。
>
> 我希望大家能区分开,这是我所知的不基于信任的系统的第一次尝试。

正是这些功能引起了我注意。重点在于让人们真正理解比特币的价值,使之成为货币。

哈尔暗指了一种可能性,认为这可能是一种长期投资。如果十年后电子货币还没有普及,我会感觉很奇怪。现在我们知道比特币这种方法说不定可以在可信第三方退缩的时候坚持下来。

即使不会马上爆发,对某个计划中需要用到令牌(token)或者电子货币的人来说,也可以直接用得上。可以在小的细分市场里先用起来,比如积分奖励、捐赠卡、游戏币等。最开始可以用在那些几乎免费服务的工作量证明应用上。

比特币已经可以用于发送付费电子邮件了。发送框的大小可以调整,可以输入任意长的消息。当它连接到网络时直接就发送出去了。收件人双击交易查看完整消息。如果有名人收到的邮件多得看不过来,但是还是希望粉丝们有一种方式可以联系他们,就可以安装比特币系统并在网站上公开IP地址。"发送X枚比特币到这个IP的VIP热线,我会亲自阅读您的消息。"

还有订阅网站为避免免费试用影响到付费订阅,需要增加一些额外的工作量证明,就可以对免费试用者收取比特币。

聪

电子邮件 4——关于比特币发送时的攻击和 IP 地址

发件人:"中本聪"satoshi@vistomail.com

收件人:dtrammell@dustintrammell.com
日期:星期五,2009 年 1 月 16 日,03:46:30 UTC+8
主题:回复:几点想法

我将攻击分为两类:

1. 由实际上存在于通信链路中的某人发起的攻击。

2. 来自于互联网上任何地方任何人的攻击。

第一类将您暴露在家庭或公司 LAN、网络中间的 ISP 管理员以及接收方的 LAN 上。第二类将您暴露在十亿网民面前，他们自己可以选择成为攻击者，在开发出攻击多个受害者的技术时获得规模经济。

通过 IP 发送请求新的公钥，所以这种方式容易受到第一类中间人的攻击。如果这是个问题，发送到比特币地址就没有那个漏洞了，虽然需要稍微损失一点儿私密性。我感觉大部分情况下人们会从非 SSL 网站以及未签名的明文电子邮件中获得比特币地址，这已经很容易在 DNS 中毒时遭到第一类和第二类的攻击了。

一个解决方案是在发送时同时使用 IP 和比特币地址（比如 1.2.3.4-1Kn8iojk...），接收方使用比特币地址的公钥为新公钥签名以证明你是正确的接收方。如果系统开始用于真正的商业目的，我一定会实现该方案。另一个方案是使用 SSL。

现在很明显，如果发送给 IP，得不到关于接收方的任何身份识别信息，于是盲目地发送给了任何应答该 IP 的人。

以后考虑实现的另一个功能是为钱包提供加密选项。

如果我理解得没错，您只是将交易计算记入区块链，然后让接收方"发现"它，是吗？

是这样的。

另一种选择是让网络节点提供解析服务，从中可以得到比特币地址的网络地址，如果该节点在线，一旦网络一致认可该地址，比特币发送程序就直接连接到那里。

如果只用比特币地址，把 IP 隐藏在幕后，那当然好了。可能会有隐私性或拒绝服务的问题。当然，在实现新的发送方法之前，有大量时间充分考虑设计方案，确保采用了最好的方法。

聪

电子邮件 5——关于潜在损失和备份的需要

发件人："中本聪"satoshi@vistomail.com

收件人：dtrammell@dustintrammell.com
日期：星期六，2009 年 1 月 17 日，02:32:48 UTC+8
主题：回复：几点想法

在这个主题上我想到了一件事情，如果出现系统故障，可能会导致比特币损失。比特币程序似乎并没有在运行目录下存储任何数据，所以我假定存在于注册表或者其他地方（还没有破解进程管理器进行验证），所以让程序能够导出恢复所需的数据到系统备份文件中，可能是个好主意。

文件都在"%appdata%\Bitcoin"里，该目录需要备份。数据存储在事务型数据库 DBM 中，因此如果发生崩溃或电源故障，数据应该是安全的。

所有用户都有 %appdata% 目录的访问权限。大多数像火狐浏览器（Firefox）这样的新程序都把设置文件存在那里，尽管微软每次发布新版 Windows 都要改一下这个目录名，名字里全是空格而且特别长，都飞到屏幕外去了。

今天注意到了另一件事，关闭程序时似乎没有把网络套接字（socket）关闭干净（TCP RST 满天飞）。可能要把这个修改加入低优先级事务列表。

刚刚加了些代码，下一个版本就好了。

聪

电子邮件6——中本聪发送比特币

发件人："中本聪"satoshi@vistomail.com

收件人：dtrammell@dustintrammell.com
日期：星期一，2009 年 1 月 19 日，00:54:32 UTC+8
主题：回复：比特币转账

您在家收到的应该是您自己的比特币地址。没有办法知道交易来源，最多能知道的就是用您的哪个地址接收的。

可以创建多个地址，并为每人提供不同的地址，然后给每个地址做标记，以有助于确定发送者。

除了您告诉程序的名字以外，它什么都不知道。打印出来的名字是从地址簿的地址上关联来的，在"地址簿"按钮或者您的比特币地址右边的"更改"按钮下面。

嗨，聪，

第一次转给我 25.00 枚比特币以后，您没有另外给我转 100.00 枚吧？我用比特币地址从单位的比特币程序往家里转了 100.00，没有用 IP。家里的系统收到了 100.00 枚比特币的转账，交易细节显示如下：

"收到：中本聪 12higDjoCCNXSA95xZMWUdPvXNmkAduhWv"。

这不是我单位的比特币地址，所以我认为我收到的这笔付款是由您的客户端计算的区块编码的？如果是这样，除了生成交易的比特币地址以外，怎么还会知道您的名字？我不记得在程序里有什么地方可以输入名字。

达斯汀·特拉梅尔

dtrammell@dustintrammell.com

http://www.dustintrammell.com

69

最后的私人信件

THE BOOK OF SATOSHI
THE COLLECTED WRITINGS OF
BITCOIN CREATOR SATOSHI NAKAMOTO

据称,加文·安德森是最后一个与中本聪私下交流的人。这次交流发生在中本聪 2010 年 12 月在 bit cointalk.org 论坛上发出最后一帖的四个月之后。在中本聪退出公开生活之后,加文·安德森与他进行了几次私人电子邮件交流。不过,加文决定只公开最后一封邮件。

来自中本聪的电子邮件

加文·安德森,2011 年 4 月 26 日

2011 年 4 月 26 日,星期二,中本聪 <satoshin@gmx.com> 写道:

我希望您不要一直把我说成是神秘的影子人物,新闻界只会借机把报导的角度转向比特币是海盗货币。相反,应该把焦点引导到比特币是开源项目的方向,从而将荣誉更多地给予为研发做出贡献的人;这也有助于激励他们。

您一定看到了《福布斯》的那篇文章……是的,我也对"古怪的海盗币"的口吻很不满意。

将荣誉更多地归功于其他的贡献者是一个非常好的主意。

在另一个完全不同的主题上:我可能做了一件自作聪明的事。

http://www.iqt.org/ 联系过我，这是一家美国政府资助的"战略投资"公司，他们为美国情报机构举办新兴技术年度会议。今年的主题是"资金流动"。

他们问我是否愿意谈论比特币，我承诺要发表50分钟的演讲，并参与小组讨论。

我希望直接与"他们"对话，更重要的是，通过倾听他们的问题及关注点，使他们将比特币看作是一种更好、更有效、更少服从于政治需要的货币。而不是一种全能的黑市工具，被无政府主义者用于推翻现有体制。

如果这只是提高了他们对比特币的关注度，那就太愚蠢了，但我认为木已成舟，比特币早已被他们盯上了。

我准备近期在论坛上公布这件事，因为"加文秘密探访中央情报局（CIA）"会滋生各种阴谋论。"加文公开造访中央情报局（CIA）"本身已经足够产生阴谋论了。

70

比特币与我（哈尔·芬尼）

区块链启示录
THE BOOK OF SATOSHI

哈尔·芬尼是第一位比特币交易的接收者以及早期参与者，所以收录他于 2013 年 3 月 19 日在 bitcointalk.org 论坛上发表的精彩文章很有意义。

比特币与我（哈尔·芬尼）

哈尔·芬尼，2013 年 3 月 19 日，下午 08:40:02

我想写写过去的四年，我和比特币所经历的那段不平凡的时光。

有些人可能还不认识我，我叫哈尔·芬尼。在密码领域的工作始于 PGP 的一个早期版本，与菲尔·齐默曼合作密切。当菲尔决定成立 PGP 公司时，我是首批雇员之一。我会在 PGP 工作到退休。与此同时，我也加入了密码朋克（Cypherpunks）。在活动中负责第一个基于密码的匿名邮件重发器。

时间快进到 2008 年底，比特币问世。我注意到这个密码灰胡子（我当时 55 岁左右）有种玩世不恭的倾向。我变得更理想化；一直热爱着密码学、它的神秘和悖理。

当中本聪在密码学邮件组发布比特币时，迎接他的都是怀疑的目光。密码学家们已经经历了太多眼高手低的菜鸟了。他们本能地做出这一反应。

我稍微积极一些。我一直对密码支付方案感兴趣。此外，我很幸运地认识了戴维（Wei Dai）和尼克·绍博（Nick Szabo）——他们被公认为创造了这些由比特币实现的想法，并与他们进行了广泛的沟通。我曾经亲自尝试创建基于工作量证明的货币，称为RPOW。因此我发现了比特币的迷人之处。

当中本聪首次发布比特币软件时，我立刻抓过来一份。我想我是中本聪以外第一个运行比特币软件的人。我挖到了大约第70号区块，而且我是第一笔比特币交易的接收者，当时中本聪给我发了10枚比特币进行测试。几天后我和中本聪进行了一次邮件交谈，主要是我报告发现的错误，然后由他修复。

今天，中本聪的真实身份已成为一个谜。但当时，我想我是在和一个非常聪明、真诚的日裔青年打交道。我有幸在我的人生历程中认识很多聪明的人，所以我能看出征兆。

几天后，比特币运行得相当稳定，所以我就让它运行着。那时候的难度水平是1，你还可以用CPU来发现区块，不需要GPU。接下来几天我挖了好几个区块。但是后来我把软件关掉了，因为计算机发热严重，风扇的噪音吵得厉害。现在想起来，我真希望当时能运行更长的时间，但另一方面，我能在一开始就参与进来简直太幸运了。这就像半杯水，看你怎么看了。

再次听说比特币是在2010年底，那时候我惊讶地发现比特币不仅还活着，竟然还有了货币价值。我掸了一下旧钱包上的灰，发现我的比特币还在，总算松了口气。当价格赶上真钱的时候，我把比特币转移到了冷钱包里，希望能成为继承人的传家宝。

说到继承人，我在2009年发生了意外，当时突然被诊断出患上了一种致命的疾病。那年的年初我还处于人生巅峰，减肥成功，开始了长跑。我参加了几次半程马拉松，并且开始参加全马训练。我一路跑了20多英里，觉得自己已经准备好了。突然开始觉得不对劲。

我的身体机能开始衰退。我变得口齿不清、双手无力，而且腿部恢复变慢。到了2009年8月，我被诊断为肌萎缩侧索硬化（ALS），也叫卢伽雷（Lou Gehrig）病，卢伽雷是一位患此病的著名棒球运动员。

ALS是一种杀死运动神经元的疾病，运动神经元将信号从大脑传递到肌肉。这种病首先引起虚弱，然后逐步发展为瘫痪。通常在2到5年导致死亡。起初我的症状很轻微，于是我继续工作，但是疲乏和嗓音问题迫使我在2011年年初退休。从那以后，病情持续恶化。

现在，我基本上已经瘫痪了。我通过一根管子进食，另一根管子帮助我呼吸。我使用一套商用眼球追踪系统来操作计算机。它还带有一个语音合成器，这成了我的声音。我整天坐在电动轮椅上。我用Arduino做了一个接口，这样我就可以用眼睛调整轮椅的位置。

经历了一番调整，现在的生活倒也不是太糟糕。我还可以阅读、听音乐、看电视和电影。最近发现我甚至还可以写代码。但是写得很慢，大概比以前慢了50倍。但是我仍然热爱编程，它给了我目标。目前，我正在研究麦克·赫恩（Mike Hearn）的一项建议，使用现代处理器用于支持"可信计算"的安全特性来强化比特币钱包。差不多准备好要发布了。还需要做一些文档工作。

当然，比特币的价格波动也激起了我的兴趣。毕竟我也上了这条船。但我是靠运气才得到这些比特币的，没什么可吹嘘的。我经历过了 2011 年的冲击。大风大浪都见识过。来得容易的东西，去得也快。

  这就是我的故事。总的来说，我算相当幸运。即便是得了 ALS，我也有非常满意的生活。但是我的寿命有限。那些关于比特币继承的讨论已经超越了学术范围了。我的比特币存在银行保管箱里，我的儿子和女儿都懂技术。我想这已经足够安全了。我对我留下的遗产感到很满意。

哈尔·芬尼

71

结 论

THE BOOK OF SATOSHI
THE COLLECTED WRITINGS OF
BITCOIN CREATOR SATOSHI NAKAMOTO

中本聪创建的比特币汇集了许多数学和软件概念。创建至今，比特币实验从未停止，一直在持续进化并定期更新。迄今为止，比特币已经证明了它的实用性，并掀起了金融和货币行业的革命，尤其是电子支付系统，因此在世界范围内广为接受。比特币自身能否存活到2140年比特币开采完的那一天尚未可知，但是，分布式、点对点以及非中心化限量供应货币的理念将永远留存。

货币的数字化转移能力出现在人类历史上的时间很短，并且只是对货币处理的一次机械式转变，新瓶装旧酒。不过黄金、白银或其他不可膨胀的实体不能直接进行电子传输，因此需要创造出一种概念代理代表这类实体，而如果这种概念代理被过量复制（即该代理出现膨胀），则可能扭曲实体的数量。货币的数量越大，价值越低，所能购买的实物商品和服务越少。

直到2008年年底，中本聪引入了比特币。将基于开放源代码及公开会计账簿概念的分布式数字货币付诸实施。有趣的是，与只能存在于物理世界的金银相反，比特币只能存在于电子世界中[一]。因此，基本上可以认为贵金属和比特币之间具有良好的互补性。

[一] 到目前为止，在物理世界中运输比特币意味着某种形式的人工制品，比如一个带有比特币地址并刻有私钥的纸质钱包。要不然，就需要第三方的某种信任，例如一种实体硬币的制造商，该硬币带有隐藏的比特币私钥以及可见的比特币地址。

区块链启示录
THE BOOK OF SATOSHI

比特币是一种开源软件,其交易必须由网络的全体成员确认,并使用公开账本进行操作,这使得它与中央控制的封闭货币系统截然相反。一个封闭系统,不管监管者是否参与,都会像其他政府控制的机构一样,容易受到政府领导人腐败和收受贿赂的影响。作为稀有贵金属,金银非常适合当成货币使用,但它们不能以电子方式转移,需要某种居间的代表形式,能够被第三方操纵。大量金银的运输也是麻烦且昂贵的。然而,贵金属在诸如电网停电等重大干扰中将保持其价值,且在《疯狂的麦克斯》的场景下,必将成为首选货币。对于担心发生此类事件的人来说,拥有一定数量的金银是恰当的。还有,历史上出现的所有法定货币(即政府发行的货币)总是要消亡的,您也不应指望您所在国家的货币会是个例外。

本书呈现了所有比特币创造者参与的最为相关的对话和讨论。这位被称为中本聪的人,不管是一个人还是一群人,清楚、简洁、自然地表达了自己对比特币的基础的理解。他的多篇文章似乎表明,他并没想到比特币能像现在这样得到快速发展。中本聪汇集了各种现有的概念,创造出这一强大的技术,正使货币系统的概念发生彻底的变革。他打开了一个潘多拉魔盒,大批精英工作在比特币系统之上,基于这套准则改变其他体系。

比特币是否能代表金钱仍然还是有争论的,但它作为一种货币、一种交换媒介是无可争议的。黄金和白银因为有限的供应量以及有用性是价值长期储存的手段。比特币也是限量供应的,计划到2140年发行2100万枚,并已证明,作为一种简单的互联网支付方式以及一种天然媒介,非常有用。

71·结论

自从比特币的人气日渐高涨，新闻媒体上不断出现各种争论，中本聪对很多争论进行了回应。虽然我们更想听到他亲自现身说法，但本书也足以让我们轻松地回顾他在"公开生活"期间分享的许多观点。比特币的主要影响是允许世界人民重新思考货币应该如何发挥作用。它为人类开启了一扇通向新的货币体系的大门，一次电子复兴。

谢谢！

附录

比特币：一种点对点的电子现金系统

中本聪

THE BOOK OF SATOSHI
THE COLLECTED WRITINGS OF
BITCOIN CREATOR SATOSHI NAKAMOTO

摘要：这是一种纯粹点对点的电子现金，无需通过金融机构就可以让一方直接在线支付给另一方。数字签名技术为其提供了部分解决方案，但如果仍然还需要可信的第三方来防止双重消费，那么它就失去了主要的作用。本文提出了一种使用点对点网络来解决双重消费问题的方案。该网络对所有的交易都加盖时间戳，盖戳的方法是计算交易数据的哈希值，然后放入一条不断延伸的基于哈希的工作量证明链中，形成一条链上记录，要篡改一条记录必须重新完成工作量证明。最长的工作量证明链不仅是所有交易顺序的证明，而且也是该链是由最大计算能力组合而产生的证明。只要控制多数计算能力的计算节点不联合攻击本网络，这些节点就能战胜蓄意攻击，从而产生最长的链。构建该网络有最小的结构需求。尽可能把消息广播到全网，计算节点则可以随时离开和重新加入本网络，重新加入时会接收最长工作量证明链作为离开时发生交易的证明。

A.1 导言

互联网上的商业行为几乎完全依赖金融机构作为可信的第三方来处理电子支付。尽管这种机制可以满足大多数交易的需要，但是仍然深受基于信用模型固有弱点的影响。因为依赖金融机构来调解争议，所以无法提供不可撤回的交易服务。同时调解成本也加大了交易成本，抬高了最低交易额的门槛，因此失去了低频小额交易的可能性，而且由于无法为不可撤回服务提供支付，对经济造成了更大的损失。因为支付有撤回的可能性，所以信用就不可或缺。商家要提防顾客，需要顾客提供一些根本就用不着的信息，顾客因此不堪其扰。一定比例的欺诈行为无法避免。如果采用纸币支付，可以避免这些成本和支付的不确定性，但是在没有可信第三方存在的情况下，无法通过信道完成支付。

因此需要一个基于密码证明而非信用的第三方的电子支付系统，允许双方在自愿的情况下不依赖可信的第三方直接交易。不可撤销的交易方式可以保护卖家免受欺诈，容易实现的常规托管机制可以保护买家。本文提出了一种解决双重消费问题的方案，即利用点对点的分布式时间戳服务器，生成按时间顺序排列的交易记录计算证明。只要诚实的计算节点在总体上比任何一个攻击群控制更多的计算能力，那么系统就是安全的。

A.2 交易

我们将比特币定义为一串数字签名。在转账时，比特币拥有者对上一次交易的哈希值以及下一位拥有者的公钥进行数字签名，并将签名添加到这笔比特币的末尾。收款人可以对此进行验证从而确定整条所有权链有效。

当然，其中的问题是收款人无法验证某个付款人有无双重消费。常见的解决方案是引入一个可信的中心机构或铸币厂，核查每笔交易是否存在双重消费。每次交易完成后，货币必须返厂销毁，然后再由铸币厂发行一枚新币，只有直接从铸币厂发行的币才能确信没有被双重消费。该方案的问题在于整个货币体系的命运都掌握在经营铸币厂的那家公司手里，每笔交易都要经过它，就像银行一样。

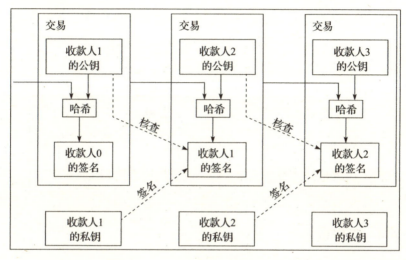

注：收款人1和付款人1为同一个人，其他的编号依此类推。

需要一种办法让收款人知道上一位拥有者并没有签署更早的交易。为此，系统只承认第一笔交易，而不关心这笔钱以后是否会再次用于支付。确认一笔交易是否发生的唯一方法是掌握所有的交易记录。在铸币厂的模型中，铸币厂知道所有的交易，并可以判断哪笔交易先发生。在没有可信机构的情况下要做到这一点，必须公示交易[1]，而且需要一个系统，让所有参与者认可唯一的交易顺序。当每笔交易发生时，收款人需要大多数节点认可这笔钱是首次使用。

A.3 时间戳服务器

本提案从时间戳服务器切入。时间戳服务器取得待签署账目区块的哈希值,并将此哈希值在网络中广播,就像在报纸或 Usenet[2-5] 上发布一样。该时间戳证明这些账目在进行哈希计算之前就已经发生了。每个时间戳都在其哈希值中包含了上一个交易的时间戳,从而形成了一条链,链上每条新增的时间戳都在增强之前存在时间戳的效力。

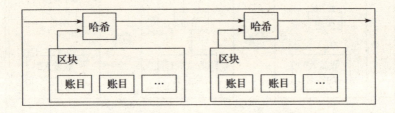

A.4 工作量证明

要实现点对点的分布式时间戳服务器,需要采用工作量证明系统,类似于亚当·巴克(Adam Back)提出的 Hashcash[6],而不是登报或发布到 Usenet。工作量证明的实现方法是让哈希运算(例如用 SHA-256 算法)结果的前几位都为 0。得出结果所需的平均运算次数随所需 0 位个数的增加而指数增长,而验证结果的正确性只需要一次哈希运算即可完成。

通过不断调高区块内的临时数(nonce),使该区块的哈希值可以满足所需前几位是 0 的条件,这样就为时间戳网络实现了工作量证明。一旦完成了工作量证明,对该区块的改动就必须重新完成工作量证明。由于该区块链上的后续区块不断增加，还要随之重新完成在该区块上的所有后续工作量证明。

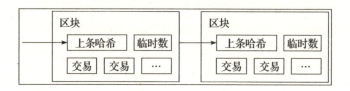

工作量证明也解决了多数票胜出的代表选举机制。如果用每 IP 一票的机制来决定谁胜选，那能够分配大量 IP 的人就能操纵选举。工作量证明本质上是每个 CPU 一票。判断谁胜出要看哪条链最长，哪条长就说明那条链上矿工的运算量大。如果诚实的计算节点控制多数的运算能力，那么诚实的区块链的增长就会是最快的，并超过其他的竞争者。要篡改一个过去的区块，攻击者必须重新完成该区块以及链接在其后的所有区块的工作量证明，并且还要在总长度上超过其他诚实计算节点所产生的区块链。本文将在后面介绍，随着后续区块的加入，算得慢的攻击者赶上来的概率呈指数级降低。

另外，硬件运算速度在不断加快，参与运算的节点数也在不断地变化，为此，工作量证明的难度也要根据网络中每小时产生的平均区块数量，采用移动平均的方法来动态调整。如果区块生成的速度太快，那么难度就会随之加大。

A.5 网络

本网络的运行流程如下：

1. 新交易广播至所有节点。
2. 每个节点将新交易收集到一个区块中。
3. 每个节点为自己的区块寻找那个耗时的工作量证明。
4. 当某节点找到工作量证明后向所有节点广播。
5. 节点只接受那些包含所有交易有效且未支付过的区块。
6. 节点表达接纳该区块的方式是着手在该区块后创建下一个区块,并将接受区块的哈希值作为上一个哈希值。

节点总是认为最长的链是正确的,并且不断尝试延长这条链。如果两个节点分别同时广播了自己的下一个区块,其他节点的接收顺序可能不同。在这种情况下,接收节点会在收到的第一个区块后接着计算,同时把后收到的区块保存下来,以备支链变得更长。当下一个工作量证明产生并且其中一条支链变得更长时,短的支链就被断开;工作在短的支链上的节点此时会将计算工作切换到长支链上。

新交易的广播不必触及所有的节点。只要能把交易广播到很多节点就可以很快进入下一个区块。区块广播也不在乎消息丢失。如果一个节点没有收到某个区块,当它收到下一个区块时就会意识到中间丢了一个,此时该节点会向网络请求那个遗漏的区块。

A.6 激励

按照约定,区块中的第一笔交易是特殊交易,这笔交易会产生一笔新的比特币归区块的创建者所有。这为节点支撑本网络提供了一种激励。由于没有中心机构负责发行比特币，这也是将比特币分发到流通领域的一种途径。稳定增发固定数量的新比特币，类似于金矿矿工消耗资源开采黄金，以增加黄金的流通。在本例中，消耗的资源是 CPU 的时间和电力。

交易费是另一种激励手段。如果交易的支出额小于收入额，两者之间的差额就是交易费，把这笔交易费记录到该交易所在的区块激励中。一旦流通的比特币达到预定的数额，激励将完全由交易费提供，这样就可以避免通货膨胀。

激励可能有助于鼓励节点保持诚实。如果贪婪的攻击者有办法组织超过所有诚实节点的计算能力，他就要在以下两种情况之间做出选择：要么去诈骗用户，偷回他之前的付款；要么去铸币。按照规则行事理应更有利可图，比起获得不义之财，并且破坏该系统和自身财富的合法性，显然遵守规则会令其获得更大的利益。

A.7 释放磁盘空间

一旦在一笔比特币的最后交易之后链接了足够多的区块，那么就可以丢弃这笔比特币的早期交易数据以节省磁盘空间。为了在不破坏区块哈希计算的前提下达到这个目的，区块中的交易通过哈希处理成默克尔树[7][2][5]，区块哈希只需要包含树的根节点。可以通过裁剪树的分支来压缩早期的区块。不需要存储树内部的哈希值。

不含交易的区块头长度约为 80 字节。假定每 10 分钟产生 1

个新区块,每年就会产生4.2MB(80字节×6×24×365)。2008年主流电脑系统的内存是2GB,而摩尔定律预计当前的增长速度是每年1.2GB,所以即使所有区块头必须保存在内存中,也不会带来存储问题。

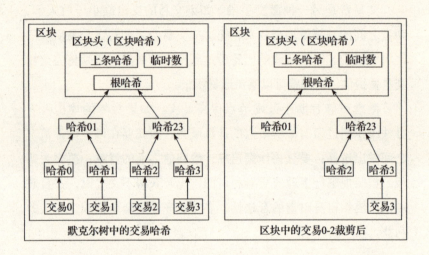

A.8 简化支付验证

不必运行功能完整的网络节点也可以完成支付验证。用户仅需要保存最长区块链的头,这可以通过向网络节点请求获得,然后取得链接交易到所在区块的默克尔树分支。这些信息虽然不足以直接检查交易有效性,但是既然能在区块链上找到这笔交易,用户就可以据此断定网络节点已经接纳了该交易,而且这笔交易所在区块后面连接的更多区块将进一步证实这笔交易的可靠性。

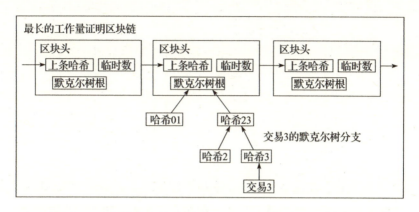

因此,只要诚实节点控制着网络,该验证过程就是可靠的。但若有攻击者拥有多数运算能力,网络就会比较脆弱。虽然网络节点自己可以验证交易有效性,但只要攻击者持续控制网络,简化的验证方法就会被攻击者伪造的交易所欺骗。一种防御策略是接收网络节点发出的无效区块警报,提示用户的软件下载完整区块以及示警的交易记录,以核实不一致性。频繁接受支付的企业可能还是倾向于运行自己的网络节点以获得更加独立的安全性和更快的验证过程。

A.9 面值的合并与分割

虽然分别处理每枚比特币在技术上是可行的,但是在转账时为每一分钱都进行单独的交易太麻烦。为了能够分割及合并金额,交易包含了多个输入和输出。正常情况下,输入要么来自于一笔大额交易,要么来自于多笔小额交易,输出则最多只有两个:一个用于支付,另一个则在有余额时返还给发送者。

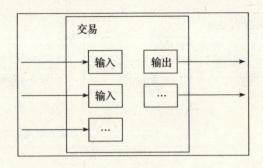

请注意，在这里一笔交易依赖于好几笔交易，而这些交易又依赖于更多其他的交易，这并不存在问题。不会因此需要获取完整的交易历史记录。

A.10 隐私

传统的银行模型通过限制交易方以及可信第三方的信息访问来达到保护隐私的目的。公开全部交易的必要性使这种方法在本系统中不适用，但仍可以通过在另一个点切断信息流来维护隐私，即保持公钥的匿名性。外界可以看到有人正在给另一个人付钱，但从该交易上却看不到交易双方的信息。这与股票交易所的信息披露相似，股票行情公布了每笔交易的时间和数量，但不包括交易双方的信息。

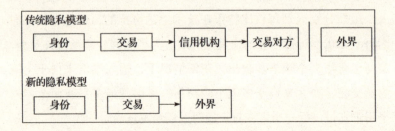

每笔交易都应该用新密钥对，防止有些交易关联到同一个所有者，这可作为额外的防火墙。但在包含多个输入的交易中，这些输入必然来自于同一位所有者，这种情况下暴露的关联就无法避免了。此时的风险在于，如果密钥所有者的身份泄露，那么属于该所有者的其他交易也就连带被泄露了。

A.11 计算

我们在此考虑攻击者试图比诚实链更快地生成替代链的情况。首先要说明的是，即使攻击者做到了，系统也不会接受随意篡改，例如凭空搞出一笔比特币或获得从来不属于攻击者的比特币。节点不会接受无效交易作为支付的输入，诚实节点也绝不会接纳包含这类交易的区块。攻击者只能尝试修改自己的交易，夺回刚刚花掉的那笔钱。

诚实链和攻击链之争可以表达为二项式随机行走。诚实链延长一个区块作为成功事件，加一分。攻击链延长一个区块作为失败事件，减一分。

攻击者从给定的落后点追上的概率类似赌徒破产。假定一个赌徒输了钱，他有永远花不完的钱，并且一直赌下去，试图达到盈亏平衡。我们可以计算出他达到盈亏平衡点的概率，也就是攻击者追上诚实链的概率，如下所示[8]：

p = 诚实节点找到下一个区块的概率

q = 攻击者找到下一个区块的概率

q_z = 攻击者落后 z 个区块时追上诚实链的概率

$$q_z = \begin{cases} 1, & p \leq q \\ (q/p)^z, & p > q \end{cases}$$

假设 $p > q$,随着攻击者需要追上的区块数量的增加,追上的概率呈指数下降。由于攻击者的成功概率低,如果他没有在早期幸运地追上,随着他进一步落后,赶上的机会就微乎其微了。

接下来考虑新交易的接收者需要等待多久才能充分确定发送者不能篡改交易。假设发送者是一个攻击者,他想让接收者相信支付过程已完成,然后过一段时间后再将这笔钱转回给自己。这种情况发生时,接收者会收到警报,但发送者希望为时已晚。

接收者生成一对新密钥,并在临近签名时才将公钥发给发送者。这就防止了发送者提前准备伪造的区块链,直到伪造链幸运地超出诚实链足够长再执行交易。交易一旦发出,伪造者开始在一条包含伪造交易的并行链上秘密工作。

接收者等到交易添加到区块里,并且其后又链接了 z 个区块。他并不知道攻击者的确切进度,但是假设每个诚实区块要花费一段平均预期时间,那么攻击者的潜在进度是具有以下期望值的泊松分布:

$$\lambda = z\frac{q}{p}$$

为了得到攻击者仍能追赶上的概率,我们用他每次取得进展的泊松密度乘以他从那一点追上的概率:

$$\sum_{k=0}^{\infty} \frac{\lambda^k e^{-\lambda}}{k!} \cdot \begin{cases} (q/p)^{(z-k)}, & k \leq z \\ 1, & k > z \end{cases}$$

对该无限求和公式变换如下:

$$1 - \sum_{k=0}^{z} \frac{\lambda^k e^{-\lambda}}{k!}(1-(q/p)^{z-k})$$

转换为 C 代码如下：

```c
#include <math.h>
double AttackerSuccessProbability(double q, int z)
{
    double p = 1.0 - q;
    double lambda = z * (q / p);
    double sum = 1.0;
    int i, k;
    for (k = 0; k <= z; k++)
    {
       double poisson = exp(-lambda);
       for (i = 1; i <= k; i++)
          poisson *= lambda / i;
       sum -= poisson * (1 - pow(q / p, z - k));
}
return sum;
}
```

运行部分结果，我们可以看出概率随着 z 增长的指数下降趋势。

```
q=0.1
z=0   P=1.0000000
z=1   P=0.2045873
z=2   P=0.0509779
z=3   P=0.0131722
z=4   P=0.0034552
z=5   P=0.0009137
z=6   P=0.0002428
z=7   P=0.0000647
z=8   P=0.0000173
z=9   P=0.0000046
z=10  P=0.0000012
q=0.3
z=0   P=1.0000000
z=5   P=0.1773523
z=10  P=0.0416605
z=15  P=0.0101008
z=20  P=0.0024804
z=25  P=0.0006132
z=30  P=0.0001522
z=35  P=0.0000379
z=40  P=0.0000095
```

z=45 P=0.0000024
z=50 P=0.0000006

求解 P 小于 0.1%：

P < 0.001
q=0.10 z=5
q=0.15 z=8
q=0.20 z=11
q=0.25 z=15
q=0.30 z=24
q=0.35 z=41
q=0.40 z=89
q=0.45 z=340

A.12 结论

　　本文提出了一个不依赖信任的电子交易系统。首先介绍了由数字签名构成的比特币通常框架，数字签名提供了强有力的所有权保障，但如果没有防止双重消费的方法也还是不完整的。为了解决该问题，本文提出了一个点对点网络，以工作量证明的方法记录全部交易的公开历史，在诚实节点控制多数计算能力时，这种方法让攻击者基本上不可能篡改交易记录。该网络的健壮之处在于其无组织带来的简单性。节点在几乎没有协调的情况下同时工作。这些节点不需要身份识别，因为消息不是发给某个指定位置，而是发给所有节点。节点可以随时离开或者重新加入该网络，加入网络后接受工作量证明链作为节点离开时所发生的事件的证明。这些节点用计算能力投票，通过延长区块表示对有效区块的接受，通过拒绝延长表示对无效区块的排斥。任何所需的规则和激励措施都能通过这种共识机制实施。

参考文献

1. W. Dai, "b-money," http://www.weidai.com/bmoney.txt, 1998.
2. H. Massias, X.S. Avila, and J.-J. Quisquater, "Design of a secure timestamping service with minimal trust requirements," In 20th Symposium on Information Theory in the Benelux, May 1999.
3. S. Haber, W.S. Stornetta, "How to time-stamp a digital document," In Journal of Cryptology, vol 3, no 2, pages 99–111, 1991.
4. D. Bayer, S. Haber, W.S. Stornetta, "Improving the efficiency and reliability of digital time-stamping," In Sequences II: Methods in Communication, Security and Computer Science, pages 329-334, 1993.
5. S. Haber, W.S. Stornetta, "Secure names for bit-strings," In Proceedings of the 4th ACM Conference on Computer and Communications Security, pages 28–35, April 1997.
6. A. Back, "Hashcash - a denial of service counter-measure," http://www.hashcash.org/papers/hashcash.pdf, 2002.
7. R.C. Merkle, "Protocols for public key cryptosystems," In Proc. 1980 Symposium on Security and Privacy, IEEE Computer Society, pages 122–133, April 1980.
8. W. Feller, "An introduction to probability theory and its applications," 1957.

术语与定义

非对称加密——涉及两种密钥（私钥和公钥）的加密方式。用私钥加密的文本必须用公钥解密，反之亦然。公钥很容易从私钥中导出，但从公钥中导出私钥却是几乎不可能的。

比特币地址——区块链用于与比特币关联的一长串数字。是公钥的哈希输出值。它所包含的比特币只能由拥有相应私钥的人转移到另一个比特币地址。

区块——一组包含一些比特币交易的数据，由矿工创建。

区块链——比特币区块链通过所有矿工和关注的节点（计算机）之间的点对点网络共享。它包含了自2009年1月3日比特币创世以来的所有区块。

BTC——比特币货币的缩写词。

密码学——研究安全通信技术的学科。

加密哈希——从任意长度的输入创建一个固定长度的数字序列的一种算法。该算法的输出可以认为是相当于文档的"指纹"。

分布式文档共享——文件在多台计算机之间共享的一套体系，其中每台计算机同时作为信息的提供者和消费者。

加密——信息的编码过程，编码后只有授权方可以读取或访问原始数据。

椭圆曲线密码——一种基于有限个元素（有限域）上的椭圆曲线代数结构的公钥密码系统。椭圆曲线也被应用于密码学中的几个整数分解算法。

椭圆曲线数字签名算法（ECDSA）——在密码学中，椭圆曲线数字签名算法（ECDSA）提供了一种数字签名算法（DSA）的变体，它采用了椭圆曲线密码系统。

创世区块——区块链中的第一个区块。

哈希值、哈希函数——是加密算法或哈希函数的固定长度输出。哈希值是文档的"指纹"，其中文档可以有任意长度，是由哈希函数编码的一段文本。

十六进制数字系统——正如十进制数字系统以 10 为底，十六进制系统以 16 为底，系统采用符号 0 到 9 表示数字 0 到 9，用符号 A、B、C、D、E 和 F（大小写都可以）表示数字 10 到 15。十六进制数以 0x 作为前缀，所以十进制 16 就是十六进制的 0x10，十进制 17 是 0x11，依此类推。

总账——在会计学中，这是最重要的账本或按账户记录和汇总货币交易的计算机文件。包含期初余额、借项、贷项和期末余额。

消息摘要——加密哈希函数的输出。

矿机——最初称为节点，是具有专门硬件的设备，它们竞相创建下一个区块，从而获得与之相关联的奖励。奖励由协议允许发行的新比特币以及区块内含有的所有交易费用的总和组成。

临时数——区块内的一个数值，矿工不断增大该数值，直到获得具有比特币协议所要求的特征的消息摘要，以求"赢取"那块区块。

开源软件——软件代码（蓝图）共享，并可供任何人阅读、检查和修改，以便能够实现对程序的再造。

点对点网络——一种分布式网络架构，网络中的各个节点（计算机）同时充当资源的提供者和消费者。这与客户端从服务器请求资源的集中式客户端－服务器模型形成对比。

工作量证明——这类似于一场矿工之间的"竞赛"。"胜出"的矿工首先获得一个"临时数"，利用该数可以生成具有比特币协议所定义的特征的消息摘要。

协议——矿工和客户端都必须遵循的既定程序。这是由所有矿工都在运行的比特币开源软件所规定的。

SHA-256——一种加密哈希算法。目前被比特币软件采用。

聪——比特币的最小面值。相当于 10^{-8} 枚比特币，1枚比特币等于 100 000 000 聪。

交易费——比特币发送者支付给矿工的费用，以使矿工将其交易包含到区块链的下一个区块中。

钱包——一种软件，其中包含了比特币地址（可以有多个）以及相应的私钥。

推荐阅读

架构即未来：现代企业可扩展的Web架构、流程和组织（原书第2版）

作者：马丁 L. 阿伯特 等 ISBN：978-7-111-53264-4 定价：99.00元

互联网技术管理与架构设计的"孙子兵法"
跨越横亘在当代商业增长和企业IT系统架构之间的鸿沟
有胆识的商业高层人士必读经典
李大学、余晨、唐毅 亲笔作序 涂子沛、段念、唐彬等 联合力荐

任何一个持续成长的公司最终都需要解决系统、组织和流程的扩展性问题。本书汇聚了作者从eBay、VISA、Salesforce.com到Apple超过30年的丰富经验，全面阐释了经过验证的信息技术扩展方法，对所需要掌握的产品和服务的平滑扩展做了详尽的论述，并在第1版的基础上更新了扩展的策略、技术和案例。

针对技术和非技术的决策者，马丁·阿伯特和迈克尔·费舍尔详尽地介绍了影响扩展性的各个方面，包括架构、过程、组织和技术。通过阅读本书，你可以学习到以最大化敏捷性和扩展性来优化组织机构的新策略，以及对云计算（IaaS/PaaS）、NoSQL、DevOps和业务指标等的新见解。而且利用其中的工具和建议，你可以系统化地清除扩展性道路上的障碍，在技术和业务上取得前所未有的成功。

推荐阅读

区块链+：从全球50个案例看区块链的应用与未来

作者：杜均 ISBN：978-7-111-59118-4 定价：59.00元

本书以全球视角，采集全世界区块链典型技术及各个行业应用案例，从技术到实现，从商业模式到未来趋势，汇集知名区块链专家进行前瞻点评及深入解读！

区块链与通证：重新定义未来商业生态

作者：杨昂然 黄乐军 ISBN：978-7-111-60719-9 定价：69.00元

本书从必备常识、生态系统、经济系统设计、监管政策和法律风险等5个维度构建了一个相对完整的区块链通证（Token）知识谱系，涵盖科技、经济和商业多个方面，得到了中国通证领域的代表人物孟岩等多位专家的一致肯定和好评。

区块链：定义未来金融与经济新格局

作者：张健 ISBN：978-7-111-54109-7 定价：49.00元

从极客的创造到风投的宠儿，从比特币的"野蛮生长"到金融机构的争先恐后——区块链到底是什么？它为何产生？解决了什么问题？自身将如何发展？区块链会给人类带来怎样的应许？它将创造什么？又将重塑什么？这是一本高屋建瓴的书，你将从中找到这些问题的答案，并且听到历史轰轰向前的车轮声。